MARCO POLO

SPRACHFÜHRER ENGLISCH

W0406507

NIE MEHR SPRACHLOS!

Einfach kurz nach dem Weg fragen?
Einen netten Plausch mit Einheimischen führen?
Die exotische Speisekarte im Restaurant verstehen?
Auch in Notfällen blitzschnell reagieren können?

In all diesen Situationen ist der MARCO POLO Sprachführer der beste Begleiter für deinen Urlaub. Nach Reisethemen geordnet, gibt der Sprachführer schnelle Orientierung und sorgt dafür, dass du in jeder Situation die richtigen Worte parat hast und mitreden kannst.

Viel Spaß auf deiner Reise!

INHALT

Dieses Kapitel steht zum kostenlosen Download für dich bereit

AUSSPRACHE

Im Englischen ist die Aussprache einzelner Buchstaben nicht so regelmäßig wie im Deutschen, so kann ein- und derselbe Buchstabe verschieden ausgesprochen werden. Ein Beispiel dafür ist das **s**, es kann wie ein scharfes **ß** wie in Rei**s**, wie ein weiches **s** in **S**onne, und sogar auch wie ein **j** (in **J**ournal) ausgesprochen werden. Damit du genau weißt, wie ein Wort ausgesprochen wird, ist in den eckigen Klammern eine vereinfachte Lautschrift angegeben. Manche Zeichen sind dir wahrscheinlich nicht so geläufig, deshalb werden sie im Folgenden vorgestellt.

LAUTSCHRIFT

' (Betonungs-zeichen)	Der Apostroph steht immer VOR der Silbe, die betont wird. Z. B. wie in: behalten [be'haltən]
‿ (Verbin-dungsbogen)	Der Bogen zeigt an, dass zwei Wörter zusammengezogen werden. Z. B. wie in der deutschen Umgangssprache: Kannst du > Kannsdu [kans‿du]
: (Doppel-punkt)	Im Deutschen setzen wir oft ein h, wenn ein Vokal gedehnt wird. Weil die Verwechslungsgefahr zu groß ist, benutzt die Lautschrift dieses Zeichen. Z. B. wie in: [ba:n]
ə (Schwalaut)	Dieses Zeichen steht für einen Laut, den es im Deutschen auch gibt, nämlich ein unbetontes e. Dieses e wird etwas schwächer gesprochen, Lippen und Zunge sind dabei in einer neutralen, entspannten Position. Z. B. wie in: danke [dankə]
θ (stimmloses th)	Ein Laut, den es im Deutschen nicht gibt. Die äußerste Zungespitze wird zwischen die Zähne geschoben und dann wird ausgeatmet: Es entsteht eine Art Zischlaut. Die Stimmbänder schwingen dabei nicht.
ð (stimmhaf-tes th)	Diesen Laut gibt es im Deutschen ebenfalls nicht. Wieder wird die äußerste Zungenspitze zwischen die Zähne geschoben wird. Diesmal schwingen die Stimmbänder, das ist so, als würde man zum stimmlosen θ gleichzeitig noch den Schwalaut sprechen wollen.
ɔ (offenes o)	Dieses Zeichen sieht wie ein offenes o aus und wird auch so ausgesprochen. Z. B. wie in: offen [ɔfən]
ɔu	Bei dieser Kombination werden die Buchstaben direkt hintereinander gesprochen. Es gibt keinen Vergleich in der deutschen Sprache.
ei	Vorsicht, das wird nicht wie (Frühstücks)Ei ausgesprochen, sondern wie ein e und gleich im Anschluss ein i. Z. B. wie in der deutschen Umgangssprache: Ey! [ei]
ʒ	Dieses Zeichen entspricht der Aussprache von dem ersten Buchstaben des deutschen Journal und kommt meist in der Verbindung dʒ vor.
ö	Das ö in der Lautschrift entspricht nicht ganz dem deutschen ö (wie in K**ö**nig), sondern eher wie in n**ö**rgeln. Es ist ein Mittelding zwischen dem deutschen ö und dem offenen o, die Lippen sind also nicht so gerundet.
s	In der Lautschrift ist mit s immer das scharfe, also stimmlose s gemeint wie in Rei**s**. Achtung, auch am Wortanfang.
z	Das z wird immer wie ein weiches s ausgesprochen, so wie in **S**onne.

TOP-TIPPS BUCHSTABEN

Damit deine Aussprache so richtig „english" klingt, wenn du Wörter liest, erhältst du hier ein paar Tipps.

Häufig wird das **e** am Ende eines Wortes im Englischen nicht gesprochen. Zum Beispiel wird das deutsche Wort „Minute" im Englischen zwar genauso geschrieben, aber ohne **e** und statt **u** mit dem **Schwalaut** ausgesprochen: *minute* ['minət].

au ist im Englischen ein gedehntes offenes **o**, also [ɔ:], wie in *fault* [fɔ:lt].

ch wird im Englischen meist [tsch] ausgesprochen wie in „Mat**ch**", ganz selten auch als **k** wie in „**Ch**arakter".
r Für ein original englisches **r** wird die Zungenspitze nach oben zum Gaumen hin ein bisschen eingerollt.
sh wird immer wie das deutsche „sch" ausgesprochen, das wir aus „**Sch**ule" kennen.
sch hingegen wird als [sk] ausgesprochen, sodass das Wort „Schule" auf Englisch so ausgesprochen wird: *school* [sku:l].
st am Wortanfang wird wie **st** ausgesprochen, nicht wie **scht**: [stil] – nicht [schtil]).
l wird am Anfang von Silben wie das deutsche **l** ausgesprochen, aber an Silbenenden klingt es dunkler, wie das **l** aus dem Kölschen Dialekt. Dabei wird der Zungenrücken angehoben.
kn am Anfang eines Worts wird nur **n** gesprochen, so wird das deutsche „Knie" zum englischen *knee* [ni:].

GRAMMATIKBASICS

Die englische Grammatik ist zum Glück nicht so schwierig wie die deutsche. Mit ein paar Basics kannst du relativ schnell einfache Sätze verstehen – und sprechen.
Die wichtigste Regel ist, dass es im Englischen keinen Unterschied zwischen „du" und „Sie" gibt, es wird nur „you" benutzt.
Die meisten Verben sind regelmäßig und haben nur eine einzige abweichende Endung: -s bei er/sie/es in der Gegenwartsform. Die Eselsbrücke lautet: he, she, it – „s" muss mit!

regelmäßig: sehen – *to see*	
ich sehe	*I see*
du/Sie siehst	*you see*
er/sie/es sieht	*he/she/it sees*
wir	*we see*
ihr	*you see*
sie	*they see*

Ausnahme: sein – *to be*	
ich bin	*I am (I'm)*
du bist	*you are (you're)*
er/sie/es ist	*he/she/it is*
wird sind	*we are (we're)*
ihr seid	*you are (you're)*
sie sind	*they are (they're)*

Bei diesen Verben wird die Form etwas anders gebildet:
er/sie/es geht, hat, tut *he/she/it goes, has, does*
Im Buch wird dir in Ja-nein-Fragen und Verneinungen immer wieder ein Wort begegnen, und zwar *do* bzw. *does*. Diese Wörter müssen benutzt werden.
Haben Sie Briefmarken? *Do you have stamps?*
Braucht sie einen Pass? *Does she need a passport?*
Ich habe keine Briefmarken. *I do not have stamps./I don't have stamps.*
Sie braucht keinen Pass. *She does not need a passport./She doesn't need a passport.*

Weitere wichtige Abkürzung:

have not = haven't	ich/du/wir/ihr/sie habe/hast/haben nicht
has not = hasn't	er/sie/es hat nicht
hadn't	hatte nicht
wouldn't	würde nicht
shouldn't	sollte nicht
couldn't	konnte nicht

Vielleicht ist dir aufgefallen, dass das deutsche Wort ein/eine/einen im Englischen manchmal mit *a* und manchmal mit *an* übersetzt wird. Das ist immer dann, wenn das nächste Wort mit einem Vokallaut beginnt.

Häufig hört man im Englischen Wörter mit der Endung *-ing* wie in *I'm singing in the rain.* Diese Endung wird immer dann benutzt, wenn jemand gerade dabei ist, etwas zu tun. So wie der Schauspieler, der (eine Weile) im Regen singt, während wir dabei zuschauen.

DAS WICHTIGSTE ZUERST

Ja, nein, danke, bitte, guten Tag, auf Wiedersehen und erster ***Small Talk*** (na klar, auch übers Wetter): Das alles und noch viel mehr findest du in diesem Kapitel. Das Wichtigste zuerst!

KOMMUNIKATION

GRUNDVOKABULAR & HÖFLICHKEITSFLOSKELN

Ja	yes [jes]
Genau	exactly [igˈzäktli]
Nein	no [nəu]
Nicht	not [nɔt]
Kein	none [nan]
Danke!	Thank you! [θänk ju]
Vielen Dank!	Thank you very much! [θänk ju ˈveri ˈmatsch]
Herzlichen Dank!	Many thanks! [ˈmeni θänks]
Bitte (sehr)!	You're welcome! [jɔː ˈwelkəm]
Bitte (hier unterschreiben.)	Please (sign here). [pliːz (sain hiə)]
(Wie) bitte?	Pardon? [ˈpɑːdn]
Gern geschehen.	My pleasure. [mai ˈpleʒə]
Kein Problem.	No problem. [nəu ˈprɔbləm]
Keine Ursache.	No worries. [nəu ˈwariz]
Alles klar!	Understood! [andəˈstud]

Darf ich dir/Ihnen … vorstellen.	Let me make the introductions. [let mi: meik ði intrə'dakschnz]
Das ist …	This is … [ðis iz]
… Marta.	… Marta. ['ma:ta]
… meine Tochter.	… my daughter. [mai 'dɔ:tə]
… Richy.	… Richy. ['ritschi]
… mein Sohn.	… my son. [mai san]
… mein Mann/Freund.	… my husband/boyfriend. [mai 'hazbənd/'bɔifrend]
… meine Frau/Freundin.	… my wife/girlfriend. [mai waif/'gö:lfrend]
… meine Schwester/mein Bruder.	… my sister/my brother. [mai 'sistə/mai 'braðə]
Das sind …	These are … [ði:z ɑ:]
… meine Kinder.	… my children. [mai 'tschildrən]
… meine Eltern.	… my parents. [mai 'peərənts]
… meine Freunde/innen.	… my friends. [mai 'frendz]
Freut mich.	Pleased to meet you. [pli:zd tu mi:t ju]
Schön, Sie kennenzulernen.	Nice to meet you. [nais tu mi:t ju]
Es war nett, Sie kennenzulernen.	It was nice meeting you. [it wəz nais 'mi:ting ju]
Es hat mich gefreut, Sie kennenzulernen.	It was lovely to meet you. [it wəz 'lavli tu mi:t ju]
Entschuldigung.	Excuse me. [ik'skju:s mi:]
Verzeihung.	My apologies. [mai ə'pɔlədʒiz]
Es tut mir leid.	I'm sorry. [aim 'sɔri]

Das war keine Absicht.	I didn't mean to! [ai didnt mi:n tu]
Das macht nichts.	(It) doesn't matter. [(it) daznt 'mätə]
Nicht schlimm!	It's okay! [its əu'kei]
Kein Problem.	No problem. [nəu 'prɔbləm]

BEGRÜSSEN

Hallo!	Hello! [hə'ləu]
(unter Freunden)	Hi!, Hey! [hai/hei]
	Alright? [ɔ:l'rait]
	What's up? [wɔts ap]
	How do you do? [hau du ju du:]
Guten Tag!	Good day! [gud dei]
Guten Morgen!	Good morning! [gud 'mɔ:ning]
Guten Abend!	Good evening! [gud 'i:vning]
Gute Nacht!	Good night! [gud nait]
Schlaf gut!/Schlaft gut!/Schlafen Sie gut!	Sleep well! [sli:p wel]
Ich wünsche dir einen schönen Tag./Ich wünsche Ihnen einen schönen Tag.	Have a nice day! [həv ə nais dei]

ALLES GUT?

Wie geht's?/Wie geht es Ihnen?	How are you? [hau ɑ: ju]
Alles gut?	You alright? [ju ɔ:l'rait]
Danke, gut!	Good, thanks! [gud | θänks]
Super!	Great! [greit]
Es geht.	I'm okay. [aim əu'kei]

VERABSCHIEDEN

Tschüss!	Bye! [bai]
(unter Freunden)	Bye-bye! ['baibai]
	See you (later)! [si: ju ('leitə)]
	Ta-ra! ['tɑ:rɑ:]
Auf Wiedersehen!	Goodbye! [gud'bai]
Lebewohl!	Farewell! [feə'wel]
Bis später!	See you later! [si: ju 'leitə]
Bis bald!	See you soon! [si: ju su:n]
Bis morgen!	See you tomorrow! [si: ju tə'mɔrəu]
Bis zum nächsten Mal!	See you next time! [si: ju nekst taim]
Gute Reise!	Have a safe trip! [həv ə seif trip]

SCHNELLE HILFE

Kannst du mir helfen?/ Können Sie mir helfen?	Can you help me, please? [kən ju help mi: pli:z]
Ich habe mich verlaufen.	I'm lost. [aim lɔst]
Wo finde ich …?	Where can I find …? [weə kən 'ai faind]
Wo ist …?	Where is …? [weə iz]
Wo bekomme ich …?	Where can I get …? [weə kən ai get]
Wo kann ich … kaufen?	Where can I buy …? [weə kən ai bai]
Ich suche …	I'm looking for … [aim 'luking fɔ:]
Ich hätte gern …	I would like … [ai wud laik]
Wir hätten gern …	We would like … [wi: wud laik]
Wo sind die Toiletten …?	Where are the toilets? [weə ɑ: ðə 'tɔiləts]
… für Damen	Where are the ladies? [weə ɑ: ðə 'leidiz]
… für Herren	Where are the gents? [weə ɑ: ðə dʒents]

INSIDER-TIPP

GUT ZU WISSEN

STILLES ÖRTCHEN

In den USA ist es üblich, nach dem Badezimmer *(bathroom/restroom)* ['bäθrum/'räst͵rum], „Herrenraum" *(men's room)* [mänz rum] oder „Damenraum" *(ladies' room)* ['leidiz rum] zu fragen, statt von *toilets* ['tɔiləts] zu sprechen. In Großbritannien fragt man entweder *Where are the toilets?* [weər‿ə ðə 'tɔiləts] oder nach dem *Ladies* ['leidiz] oder dem *Gents* [dʒents]. Gelegentlich findet man noch Schilder mit dem etwas altmodischen *public convenience* ['pablik kən'vi:niəns] (öffentliche Bedürfnisanstalt).

VERSTÄNDIGEN

Sprichst du/sprecht ihr/ Sprechen Sie Deutsch? — Do you speak German? [du ju spi:k 'dʒö:mən]

Leider nein. — Unfortunately not. [an'fɔ:tschnətli nɔt]

Ein (kleines) bisschen. — A (tiny) little bit. [ə (taini) litl bit]

Ich spreche leider kein Englisch. — I'm sorry, I don't speak English. [aim 'sɔri ai dəunt spi:k 'inglisch]

Das habe ich nicht verstanden. — I didn't understand that. [ai didnt andə'ständ ðət]

Kannst du/Können Sie das bitte wiederholen? — Please could you repeat that? [pli:z kəd ju ri'pi:t ðət]

Kannst du/Können Sie bitte langsamer sprechen? — Can you speak slower, please? [kən ju spi:k 'sləuə pli:z]

Kannst du/Können Sie mich verstehen? — Do you understand me? [du ju andə'ständ mi:]

Wie sagt man das auf Englisch? — How do you say that in English? [hau du ju sei ðət in 'inglisch]

Was bedeutet das? — What does that mean? [wɔt dəz ðət mi:n]

HERKUNFT

Woher kommst du/kommt ihr/ kommen Sie? — Where do you come from? [weə du ju kam frəm]

Ich komme aus … — I come from … [ai kam frəm]

Wir kommen aus … — We come from … [wi: kam frəm]

Woher bist du/seid Ihr/ sind Sie? — Where are you from? [weə ɑ: ju frəm]

Ich bin aus … — I'm from … [aim frəm]

Wir sind aus … — We're from … [wiə frəm]

Bist du/Sind Sie Engländer:in? — Are you English? [ɑ: ju 'inglisch]

Bist du/Sind Sie Amerikaner:in? — Are you American? [ɑ: ju ə'merikən]

FERIEN

Machst du/Macht ihr/Machen Sie hier Urlaub? — Are you on holiday here? (AE) Are you on vacation here? [ɑ: ju ɔn 'hɔlidei hiə/ɑ: ju ɔn vei'keischn hiə]

Ich mache hier Urlaub. — I'm on holiday here. (AE) I'm on vacation here. [aim ɔn 'hɔlidei hiə/ aim ɔn vei'keischn hiə]

Wir machen hier Urlaub. — We're on holiday here. (AE) We're on vacation here. [wiə ɔn 'hɔlidei/ ɔn vei'keischn hiə]

Ich mache hier keinen Urlaub, ich bin geschäftlich hier. — I'm not here on holiday (AE) vacation. I'm here on business. [aim nɔt hiə ɔn 'hɔlidei/ vei'keischn aim hiə ɔn 'biznis]

Ich mache hier ein Auslandssemester.	I'm studying here. [aim 'stadiing hiə]
Sind Sie geschäftlich hier?	Are you here on business? [ɑ: ju hiə ɔn 'biznis]

WOHNEN

Lebst du/Lebt ihr/Leben Sie hier?	Do you live here? [du ju liv hiə]
Wo wohnst du/wohnt ihr/wohnen Sie?	Where do you live? [weə du ju liv]
Ich wohne in …	I live in … [ai liv in]
Wir wohnen in …	We live in … [wi: liv in]

ÜBER DAS LAND SPRECHEN

Wie gefällt dir/Ihnen …?	What do you think of …? [wɔt du ju θink əv]
Wie lange bleibst du/bleiben Sie in …	How long are you staying in …? [hau lɔng ɑ: ju 'steiing in]
Warst du/Waren Sie schon mal in …?	Have you been to … before? [həv ju bi:n tu ... bi'fɔ:]
Bist du/Sind Sie das erste Mal in …?	Is this your first time in …? [iz ðis jɔ: fö:st taim in]

NAME

Wie heißt du/Wie heißen Sie?	What are you called? [wɔt ɑ: ju kɔ:ld]
Wie ist dein/Ihr Name?	What's your name? [wɔts jɔ: neim]
Ich heiße …	I'm (called) … [aim kɔ:ld]
Mein Name ist …	My name is … [mai neim iz]

TÄTIGKEIT

► siehe S. 13 *Berufe*

Was machst du/machen Sie beruflich?	What do you do? [wɔt du ju du]
Was bist du/sind Sie von Beruf?	What is your job? [wɔt iz jɔ: dʒɔb]
Ich bin … von Beruf.	I'm a/an … [aim ə/ən]
Ich arbeite als …	I work as a/an … [ai wö:k əz ə/ən]
Wo arbeitest du/arbeiten Sie?	Where do you work? [weə du ju wö:k]
Ich arbeite bei …	I work at/in a … [ai wö:k ət/in ə]
Bist du Student:in?	Are you a student? [ɑ: ju ə 'stju:dnt]
Seid ihr Student:innen?	Are you students? [ɑ: ju 'stju:dnts]
Ich studiere …	I'm studying … [aim 'stadiing]

STUDIENGÄNGE

Afrikanistik	African studies ['äfrikən 'stadiz]
Ägyptologie	Egyptology [i:dʒip'tɔlədʒi]
Amerikanistik	American studies [ə'merikən 'stadiz]
Anglistik	English language and literature ['inglisch 'längwidʒ ənd 'litəritschə]
Arabistik	Arabic studies ['ärəbik 'stadiz]
Archäologie	archaeology [ɑ:ki'ɔlədʒi]
Architektur	architecture ['ɑ:kitektschə]
Bauingenieurwesen	civil engineering ['sivl endʒi'niəring]
Betriebswirtschaft	business administration ['biznis ədmini'streischn]
Biologie	biology [bai'ɔlədʒi]
Chemie	chemistry ['kemistri]
Chinesisch	Chinese [tschai'ni:z]
Elektrotechnik	electrical engineering [i'lektrikl endʒi'niəring]
Erneuerbare Energien	renewable energies [ri'nju:əbl 'enədʒiz]
Französisch	French [frentsch]
Germanistik	German ['dʒö:mən]
Geografie	geography [dʒi'ɔgrəfi]
Geschichte	history ['histəri]
Informatik	computer sciences [kəm'pju:tə 'saiənsiz]
Islamwissenschaften	Islamic studies [iz'lämik 'stadiz]
Italienisch	Italian [i'täljən]
Japanisch	Japanese [dʒäpə'ni:z]
Journalismus	journalism ['dʒö:nəlizm]
Jura	law [lɔ:]
Kommunikationswissen-schaften	communication studies [kəmju:ni'keischn 'stadiz]
Kunstgeschichte	history of art ['histəri əv ɑ:t]
Lebensmitteltechnologie	food technology ['fu:d tek'nɔlədʒi]
Linguistik	linguistics [lin'gwistiks]
Maschinenbau	engineering [endʒi'niəring]
Mathematik	maths [mäθs]
Medienwissenschaften	media studies ['mediə 'stadiz]
Medizin	medicine ['medsn]
Musik	music ['mju:zik]
Pädagogik	education [edju'keischn]
Pharmazie	pharmacology [fɑ:mə'kɔlədʒi]
Philosophie	philosophy [fi'lɔsəfi]
Physik	physics ['fiziks]
Politik	politics ['pɔlitiks]
Psychologie	psychology [sai'kɔlədʒi]

Religion	religious studies [ri'lidʒəs 'stadiz]
Romanistik	Romance studies [rə(u)'mäns 'stadiz]
Sonderpädagogik	special educational needs ['speschl edju'keischnl ni:dz]
Spanisch	Spanish ['spänisch]
Sport	sport [spɔ:t]
Tiermedizin	veterinary medicine ['vetərinəri 'medsn]
Übersetzung	translation [tränz'leischn]
Völkerkunde	ethnology [eθ'nɔlədʒi]
Volkswirtschaft	economics [ekə'nɔmiks]
Zahnmedizin	dentistry ['dentistri]

BERUFE

Altenpfleger:in	geriatric nurse [dʒeri'ätrik nö:s]
Achtitekt:in	architect ['ɑ:kitekt]
Arzt/Ärztin	doctor ['dɔktə]
Bäcker:in	baker ['beikə]
Bankkaufmann/Bankkauffrau	banker ['bänkə]
Barkeeper:in	barkeeper ['bɑ:ki:pə]
Chemielaborant:in	laboratory chemist [lə'bɔrətəri 'kemist]
Dachdecker:in	roofer ['ru:fə]
Elektroniker:in	electrician [ilek'trischn]
Erzieher:in	nursery school teacher ['nö:səri sku:l 'ti:tschə]
Facility Manager:in	facility manager [fə'siliti 'mänidʒə]
Finanzwirt:in	financial manager [fai'nänschl 'mänidʒə]
Flugbegleiter:in	flight attendant ['flait ə'tendnt]
Friseur:in	hairdresser ['heədresə]
Hotelangestellte:r	hotel employee [həu'tel emplɔi'i:]
Immobilienkaufmann/-frau	estate agent [i'steit 'eidʒnt]
Informatiker:in	computer scientist [kəm'pju:tə 'saiəntist]
Ingenieur:in	engineer [endʒi'niə]
Kaufmann/Kauffrau	
für Büromanagement	office manager ['ɔfis 'mänidʒə]
im Einzelhandel	retail assistant ['ri:teil ə'sistnt]
Kellner:in	waiter/waitress ['weitə/'weitrəs]
Koch/Köchin	chef [schef]
Konditor:in	confectioner [kən'fekschnə]
Krankenpfleger:in	nurse [nö:s]
Lehrer:in	teacher ['ti:tschə]
Lektor:in	editor ['editə]
Maler:in und Lackierer:in	painter and varnisher ['peintə ənd 'vɑ:nischə]
Mechatroniker:in	mechatronics engineer [mekə'trɔniks endʒi'niə]

Mediengestalter:in	media designer ['mediə di'zainə]
Medizinisch Technische:r Assistent:in	medical laboratory technician ['medikl lə'bɔrətəri tek'nischn]
Pharmazeutisch Technische:r Assistent:in	pharmaceutical laboratory technician [fɑ:mə'su:tikl lə'bɔrətəri tek'nischn]
Polizist:in	police officer [pə'li:s 'ɔfisə]
Reinigungskraft	cleaner ['kli:nə]
Rettungssanitäter:in	paramedic [pärə'medik]
Rezeptionist:in	receptionist [ri'sepschnist]
Sachbearbeiter:in	administrative assistant [əd'ministrətiv ə'sistnt]
Schlosser:in	locksmith ['lɔksmiθ]
Schornsteinfeger:in	chimney sweep ['tschimni swi:p]
Schüler:in	pupil ['pju:pl]
Schweißer:in	welder ['weldə]
Sekretär:in	secretary ['sekrətəri]
selbstständig	freelancer ['fri:lɑ:nsə]
Setzer:in	typesetter ['taipsetə]
Sozialarbeiter:in	social worker ['səuschl 'wö:kə]
Student:in	student ['stju:dnt]
Tierarzt/Tierärztin	vet [vet]
Tischler:in	carpenter ['kɑ:pintə]
Verkäufer:in	sales assistant ['seilz ə'sistnt]
Verlagskaufmann/ Verlagskauffrau	publishing administrator ['pablisching əd'ministreitə]
Verwaltungsfachangestellte:r	administrative specialists [əd'ministrətiv 'speschlists]
Zahntechniker:in	dental technician ['dentl tek'nischn]

WÜNSCHE

Viel Spaß!	Have fun! [həv fan]
Alles Gute!	All the best! [ɔ:l ðə best]
Viel Erfolg!	Good luck! [gud lak]
Herzlichen Glückwunsch!	Congratulations! [kəngrätju'leischnz]
Schöne Ferien!	Have a good holiday! [həv ə gud 'hɔlidei]
Gute Reise!	Have a safe trip! [həv ə seif trip]
Schönes Wochenende!	Have a good weekend! [həv ə gud wi:k'end]
Noch einen schönen Urlaub!	Enjoy the rest of your holiday! [in'dʒɔi ðə rest əv jɔ: 'hɔlidei]
Kommt gut nach Hause!	Get home safely! [get həum 'seifli]
Gute Besserung!	Get well soon! [get wel su:n]
Gesundheit!	Bless you! [bles ju]

Danke schön!	Thank you! [θänk ju]
Frohes neues Jahr!	Happy new year! [häpi nju: jiə]
Frohe Ostern!	Happy Easter! ['häpi 'i:stə]
Frohe Weihnachten!	Merry Christmas! ['meri 'krisməs]

PERSONEN

ANREDE

Herr	mister ['mistə]
Frau	misses, miss ['misiz | mis]
die Dame	the lady (AE) ma'am [ðə 'leidi/ mä:m]
der Herr	the gentleman (AE) sir [ðə 'dʒentlmən/ sö:r]
Du/ihr/Sie	you [ju:]
Mensch	human (being) ['hju:mən 'bi:ing]
Person	person ['pö:sn]
Leute	people [pi:pl]
Frau	woman ['wumən]
Mädchen	girl [gö:l]
Mann	man [män]
Junge	boy [bɔi]
Kind	child [tschaild]
Baby	baby ['beibi]
Jugendliche/r	teenagers ['ti:neidʒəz]

PERSONALPRONOMEN

ich - mich - mir	I - me - me [ai mi mi]
du - dich - dir	you - you - you [ju ju ju]
er - ihn - ihm	he - him - him [hi: him him]
sie - sie - ihr	she - her - her [schi: hö: hö:]
es - es - ihm	it - it - it [it it it]
wir - uns - uns	we - us - us [wi: əs əs]
ihr - euch - euch	you - you - you [ju ju ju]
sie - sie - ihnen	they - them - them [ðei ðəm ðəm]
Sie - Sie - Ihnen	you - you - you [ju ju ju]

POSSESSIVPRONOMEN

mein	my [mai]
dein	your [jɔ:]
sein/ihr/sein	his [hiz]/her [hö:]/its [its]
unser	our [auə]
euer	your [jɔ:]
ihr/Ihr	their [ðeə]/your [jɔ:]

ZAHLEN

0	zero ['ziərəu]
1	one [wan]
2	two [tu:]
3	three [θri:]
4	four [fɔ:]
5	five [faiv]
6	six [siks]
7	seven ['sevn]
8	eight [eit]
9	nine [nain]
10	ten [ten]
11	eleven [i'levn]
12	twelve [twelv]
13	thirteen [θö:'ti:n]
14	fourteen [fɔ:'ti:n]
15	fifteen [fif'ti:n]
16	sixteen [sik'sti:n]
17	seventeen [sevn'ti:n]
18	eighteen [ei'ti:n]
19	nineteen [nain'ti:n]
20	twenty ['twenti]
30	thirty ['θö:ti]
40	forty ['fɔ:ti]
50	fifty ['fifti]
60	sixty ['siksti]
70	seventy ['sevnti]
80	eighty ['eiti]
90	ninety ['nainti]
100	one hundred [wan 'handrəd]
200	two hundred [tu: 'handrəd]
1000	thousand ['θauznd]
4000	four thousand [fɔ: 'θauznd]
10 000	ten thousand ['ten 'θauznd]
30 000	thirty thousand ['θö:ti 'θauznd]
100 000	one hundred thousand [wan 'handrəd 'θauznd]
500 000	five hundred thousand [faiv 'handrəd 'θauznd]
1 Million	one million [wan 'miljən]
8 Millionen	eight million [eit 'miljən]

1 Milliarde	one billion [wan 'biljən]
6 Milliarden	six billion [siks 'biljən]

ZAHLEN MIT KOMMA

8,5 (8 komma 5)	8.5 (8 point 5) [eit pɔint faiv]
1£/8,50 £ (8 Pfund 50)	£1/£8.50 (1 pound/8 pounds 50) [wan paund/eit paundz 'fifti]
1$/8,50 $ (8 Dollar 50)	$1/$8.50 (1 dollar/8 dollars 50) [wan 'dɔlə/eit 'dɔləz 'fifti]

BRÜCHE

eine Hälfte	one half [wan hɑ:f]
ein halb	a half [ə hɑ:f]
ein halbes Brot	half a loaf [hɑ:f ə ləuf]
ein Drittel	one third [wan θö:d]
ein Viertel	one quarter [wan 'kwɔ:tə]
ein Sechstel	one sixth [wan siksθ]
ein Achtel	one eighth [wan eitθ]
ein Ganzes	a whole [ə həul]

ORDINALZAHLEN

erste:r	first [fö:st]
zweite:r	second ['sekənd]
dritte:r	third [θö:d]
vierte:r	fourth [fɔ:θ]
fünfte:r	fifth [fifθ]
sechste:r	sixth [siksθ]
siebte:r	seventh ['sevnθ]
achte:r	eighth [eitθ]
neunte:r	ninth [nainθ]
zehnte:r	tenth [tenθ]
elfte:r	eleventh [i'levnθ]
zwölfte:r	twelfth [twelfθ]
dreizehnte:r	thirteenth [θö:'ti:nθ]
zwanzigste:r	twentieth ['twentiəθ]
einundzwanzigste:r	twenty first ['twenti fö:st]
hundertste:r	hundredth ['handrətθ]
tausendste:r	thousandth ['θauznθ]

MENGEN

viel	a lot [ə lɔt]
wenig	a little [ə litl]
mehr	more [mɔ:]
weniger	less [les]
ein bisschen	a little bit [ə litl bit]
ein paar	a few [ə fju:]
viele	lots [lɔts]
zu viel	too much [tu: matsch]
zu wenig	too little [tu: 'litl]

MASSE & GEWICHTE

Milligramm (mg)	milligram (mg) ['miligräm]
Gramm (g)	gram (g) [gräm]
Kilo(gramm) (kg)	kilo(gram) (kg) ['kilə(gräm)]
Tonne (t)	tonne (t) [tan]
Millimeter (mm)	millimetre (mm) ['milimi:tə]
Zentimeter (cm)	centimetre (cm) ['sentimi:tə]
Meter (m)	metre (m) ['mi:tə]
Kilometer (km)	kilometre (km) ['kiləmi:tə]

ZEIT

Zeitpunkt	time [taim]
Wann?	When? [wen]
… Uhr	… o'clock [ɔ'klɔk]
Uhrzeit	time ['taim]
Stunde	hour ['auə]
halbe Stunde	half hour [hɑ:f 'auə]
Viertelstunde	quarter hour ['kwɔ:tə 'auə]
Minute	minute ['minit]
Sekunde	second ['sekənd]
Wie viel Uhr ist es?	What time is it? [wɔt taim iz it]
Können Sie mir sagen, wie spät es ist?	Do you have the time? [du ju həv ðə taim]
vor	to [tu:]
nach	past [pɑ:st]
genau	on the dot [ɔn ðə dɔt]
Es ist zehn Uhr.	It's ten o'clock. [its ten ə'klɔk]

Genau zehn Uhr.	Exactly ten o'clock. [ig'zäktli ten ə'klɔk]
Es ist halb elf.	It's half past ten. [its hɑ:f pɑ:st ten]
Es ist Viertel nach zehn.	It's quarter past ten. [its 'kwɔ:tə pɑ:st ten]
Es ist Viertel vor elf.	It's quarter to eleven. [its 'kwɔ:tə tu i'levn]
Es ist fünf nach zehn.	It's five past ten. [its faiv pɑ:st ten]
Es ist fünf vor elf.	It's five to eleven. [its faiv tu i'levn]
Es ist kurz nach zehn.	It's just gone ten. [its dʒast gɔn ten]
Es ist kurz vor elf.	It's just gone eleven. [its dʒast gɔn i'levn]

INSIDER-TIPP

GUT ZU WISSEN

a.m./p.m.

Im Englischen wird der Uhrzeit oft ein *a.m.* [ei äm] („vor Mittag") oder *p.m.* [pi: äm] („nach Mittag") nachgestellt: *8 a.m.*: acht Uhr morgens, *8 p.m.*: acht Uhr abends.

DAUER

Wie lange dauert das?	How long will it take? [hau lɔng wil it teik]
Das dauert nicht lange.	It won't take long. [it waunt teik lɔng]
kurz	short [schɔ:t]
lang	long [lɔng]
Das geht schnell.	That's quick. [ðäts kwik]
Einen Moment, bitte.	One moment, please. [wan ˈmaumant pli:z]
bald	soon [su:n]
demnächst	shortly [ˈschɔ:tli]
eine Weile	a while [ə wail]
in einer Stunde	in an hour [in ən ˈauə]

ÖFFNUNGSZEITEN

Wie lang haben die Geschäfte geöffnet?	How long are the shops open? [hau lɔng ɑ: ðə schɔps ˈəupn]
Von 9 bis 21 Uhr.	From 9 a.m. to 9 p.m. [frəm nain ei äm tu nain pi: äm]
Wann öffnet/schließt das Museum?	When does the museum open/close? [wen dəz ðə mju:ˈzi:əm ˈəupn/kləus]
Um 10 Uhr.	At 10 o'clock. [ət ten əˈklɔk]
Das Museum ist heute geschlossen.	The museum is closed today. [ðə mju:ˈzi:əm iz kləuzd təˈdei]
... ist geschlossen.	... is closed. [iz kləuzd]
... schließt gleich.	... will be closing soon. [wil bi: ˈkləuzing su:n]

ZEITANGABEN

heute	today [təˈdei]
morgen	tomorrow [təˈmɔrəu]
morgen früh	tomorrow morning [təˈmɔrəu ˈmɔ:ning]
morgen Abend	tomorrow evening [təˈmɔrəu ˈi:vning]
übermorgen	the day after tomorrow [ðə dei ˈɑ:ftə təˈmɔrəu]
in drei Tagen	in three days [in θri: deiz]
gestern	yesterday [ˈjestədei]
vorgestern	the day before yesterday [ðə dei biˈfɔ: ˈjestədei]
gestern Abend	yesterday evening [ˈjestədei ˈi:vning]
letzte Nacht	last night [lɑ:st nait]
vor drei Tagen	three days ago [θri: deiz əˈgəu]
früh	early [ˈö:li]
früher	earlier [ˈö:liə]
spät	late [leit]
später	later [ˈleitə]

jetzt	now [nau]
seit	since [sins]

TAGESZEITEN

am Morgen	in the morning [in ðə 'mɔ:ning]
am Vormittag	in the morning [in ðə 'mɔ:ning]
am Mittag	at noon [ət nu:n]
am Nachmittag	in the afternoon [in ði ɑ:ftə'nu:n]
am Abend	in the evening [in ði 'i:vning]
in der Nacht	during the night ['djuəring ðə nait]
Sonnenaufgang	sunrise ['sanraiz]
Sonnenuntergang	sunset ['sanset]

HÄUFIGKEITEN

nie	never ['nevə]
selten	rarely ['reəli]
manchmal	sometimes ['samtaimz]
oft	often ['ɔf(t)ən]
meistens	usually ['ju:ʒuəli]
immer	always ['ɔ:lweiz]

WIE LANGE?

ein Tag	one day [wan dei]
drei Tage	three days [θri: deiz]
eine Woche	one week [wan wi:k]
zwei Wochen	a fortnight ['ə 'fɔ:tnait]
vier Wochen	four weeks [fɔ: wi:ks]
ein Monat	one month [wan manθ]
sechs Monate	six months [siks manθs]
ein Jahr	one year [wan jiə]
zwei Jahre	two years [tu: jiəz]

WOCHENTAGE

am Montag	on Monday [ɔn 'mandei]
am Dienstag	on Tuesday [ɔn 'tju:zdei]
am Mittwoch	on Wednesday [ɔn 'wenzdei]
am Donnerstag	on Thursday [ɔn 'θö:zdei]
am Freitag	on Friday [ɔn 'fraidei]
am Samstag	on Saturday [ɔn 'sätədei]
am Sonntag	on Sunday [ɔn 'sandei]
Welcher Tag ist heute?	What day is it today? [wɔt dei iz it tə'dei]
Heute ist Montag.	Today is Monday. [tə'dei iz 'mandei]

MONATE

im Januar	in January [in 'dʒänjuri]
im Februar	in February [in 'februəri]
im März	in March [in mɑ:tsch]
im April	in April [in 'eiprəl]
im Mai	in May [in mei]
im Juni	in June [in dʒu:n]
im Juli	in July [in dʒu'lai]
im August	in August [in 'ɔ:gəst]
im September	in September [in sep'tembə]
im Oktober	in October [in ɔk'təubə]
im November	in November [in nəu'vembə]
im Dezember	in December [in di'sembə]

DATUM

Welches Datum ist heute?	What's the date today? [wɔts ðə deit tə'dei]
Heute ist der ...ste. ▶ siehe S. 17 *Ordinalzahlen*	Today is the 1st/2nd/3rd/...th. [tə'dei iz ðə fö:st/'sekənd/'θö:d]
Am wievielten findet ... statt?	What's the date of the ...? [wɔts ðə deit 'əv ðə]
Wann hast du Geburtstag?	When's your birthday? [wenz jɔ: 'bö:θdei]
Am ...sten.	On the 1st/2nd/3rd/...th. [ɔn ðə fö:st/'sekənd/θö:d]
1962 (neunzehnhundertzweiundsechzig)	1962 (nineteen sixty-two) [nain'ti:n 'siksti'tu:]
2006 (zweitausendsechs)	2006 (two thousand and six) [tu: 'θauznd ənd siks]

JAHRESZEITEN

Jahreszeit	season ['si:zn]
im Frühling	in spring [in spring]
im Sommer	in summer [in 'samə]
im Herbst	in autumn [in 'ɔ:təm]
im Winter	in winter [in 'wintə]

ORIENTIERUNG

HIMMELSRICHTUNGEN

Norden	north [nɔ:θ]
Osten	east [i:st]
Süden	south [sauθ]
Westen	west [west]

RICHTUNGSANGABEN

da drüben	over there ['əuvə ðeə]
da hinten	back there ['bäk ðeə]
dort	there [ðeə]
geradeaus	straight ahead [streit ə'hed]
hier	here [hiə]
hinten	back [bäk]
hinter	behind [bi'haind]
dahinter	behind there [bi'haind ðeə]
nach links	to the left [tu ðə left]
nach rechts	to the right [tu ðə rait]
neben	beside [bi'said]
daneben	next to [nekst tu]
oben	above [ə'bav]
über	over ['əuvə]
unten	below [bi'ləu]
unter	under ['andə]
vor	ahead [ə'hed]
vorn	in front [in frant]
davor	in front (of it) [in frant əv it]

W-FRAGEN

Wer?	Who? [hu:]
Wann?	When? [wen]
Wie?	How? [hau]
Was?	What? [wɔt]
Wo?	Where? [weə]
Woher?	Where from? [weə frəm]
Wohin?	Where to? [weə tu]
Warum?	Why? [wai]
Welche:r?	Which? [witsch]

PRAKTISCHE WÖRTER

aber	but [bat]
auch	also ['ɔ:lsəu]
kein	none [nan]
nicht	not [nɔt]
nur	only ['əunli]
oder	or [ɔ:]

sehr	very ['veri]
und	and [ənd]
weil	because [bikəz]
wenn/falls	if [if]

WETTER

Blitz	lightning ['laitning]
Gewitter	thunderstorm ['θandəstɔ:m]
Hagel	hail [heil]
Hitze	heat [hi:t]
Kälte	cold [kəuld]
Regen	rain [rein]
Schnee	snow [snəu]
Sonne	sun [san]
Sturm	storm [stɔ:m]
Wind	wind [wind]
Wolken	clouds [klaudz]

Die Sonne scheint.	The sun is shining. [ðə san iz 'schaining]
Es regnet.	It's raining. [its 'reining]
Es schneit.	It's snowing. [its 'snəuing]
Es ist (sehr) heiß/warm.	It's (very) hot/warm. [its (veri) hɔt/wɔ:m]
Es ist (sehr) kalt.	It's (very) cold. [its ('veri) kəuld]
Mir ist kalt/warm.	I'm cold/warm. [aim kəuld/wɔ:m]
Es ist bewölkt/stürmisch/ schwül/windig.	It's cloudy/stormy/humid/windy. [its 'klaudi/'stɔ:mi/hju:mid/windi]
Schönes Wetter heute.	Lovely weather today. ['lavli 'weðə tə'dei]
So ein schlechtes Wetter!	What terrible weather we're having! [wɔt 'terəbl 'weðə wiə 'häving]
Wie viel Grad sind es?	What's the temperature? [wɔts ðə 'temprətschə]
Wie wird das Wetter morgen?	What's the weather going to be like tomorrow? [wɔts ðə 'weðə 'gəuing tu bi: laik tə'mɔrəu]
Arschkalt heute.	It's bloody cold today. [its 'bladi kəuld tə'dei]

FARBEN

white [wait]	light grey [lait grei]	dark grey [dɑ:k grei]	black [bläk]	yellow ['jeləu]	magenta [mə'dʒentə]
light pink [lait pink]	orange ['ɔrindʒ]	pink [pink]	red [red]	purple ['pö:pl]	dark blue [dɑ:k blu:]
ultramarine [altrəmə'ri:n]	turquoise ['tö:kwɔiz]	light blue [lait blu:]	light green [lait gri:n]	dark green [dɑ:k gri:n]	olive green [ɔliv gri:n]
beige [beiʒ]	brown [braun]	striped [straipt]	checked [tschekt]	spotted ['spɔtid]	camouflage ['kämәflɑ:ʒ]

REDEWENDUNGEN MIT FARBEN

to see red [tu: si: red]	sehr wütend werden
red tape [red teip]	Bürokratie
to paint the town red [tu: peint ðə taun red]	öffentlich wild feiern
yellow-bellied ['jeləubelid]	feige sein
to have green fingers [tu: häv gri:n 'fingəz]	einen grünen Daumen haben
to be green with envy [tu: bi: gri:n wið 'envi]	grün/gelb vor Neid sein
to have the blues [tu: həv ðə 'blu:z]	traurig oder deprimiert sein
out of the blue [aut əv ðə 'blu:]	aus heiterem Himmel
tickled pink [tikld 'pink]	sich sehr freuen oder amüsieren
black and white [bläk and wait]	sehr klar definiert
a grey area [ə grei eəriə]	Grauzone
a white lie [ə wait lai]	eine Notlüge
a golden opportunity [ə 'gəuldn ɔpə'tju:nəti]	eine einmalige Gelegenheit

UNTERWEGS

Dieses Kapitel nimmt dich bei allen Pass- und Ausweiskontrollen an die Hand und vermittelt dir das sprachliche Rüstzeug, um nach dem Weg zu fragen und mit den verschiedensten Verkehrsmitteln an dein Ziel zu kommen.

EINREISE

Pass	passport [ˈpɑːspɔːt]
Passkontrolle	passport control [ˈpɑːspɔːt kɔnˈtrəul]
Personalausweis	ID card [aiˈdi ˈkɑːd]
Visum	visa [ˈviːzə]
Staatsangehörigkeit	nationality [näschnˈäləti]
Ich bin Deutsche:r.	I am German. [ˈai ˈəm ˈdʒöːmən]
Zoll	customs [ˈkastəmz]
Zollkontrolle	customs check [ˈkastəmz tschek]
Ich habe nichts zu verzollen.	I have nothing to declare. [ai həv ˈnaθing tu diˈkleə]
Ich bin Tourist:in.	I am a tourist. [ai əm ə ˈtuərist]
Ich mache hier Urlaub.	I'm on holiday here. [aim ɔn ˈhɔlidei ˈhiə]
Ich bleibe zwei Wochen.	I am staying for two weeks. [ai əm ˈsteiing fɔː tuː wiːks]
Ich wohne im Hotel/bei Freund:innen.	I am staying at a hotel/with friends. [ai əm ˈsteiing ət ə həuˈtel/wið ˈfrendz]

FORMULARE

Reisepass	passport ['pɑ:spɔ:t]
Reisepassnummer	passport number ['pɑ:spɔ:t 'nambə]
Ausstellungsdatum	date of issue [deit əv 'ischu:]
Ablaufdatum	date of expiry [deit əv eks'pairi]
Ausstellungsland	country of issue ['kantri əv ischu:]
Einreisedatum	date of entry [deit əv 'entri]
Einreisestempel	entry stamp ['entri stämp]
Visumnummer	visa number ['vi:zə 'nambə]
Vorname	first name [fö:st 'neim]
2. Vorname	second given name ['sekənd 'givn neim]
Nachname	surname ['sö:neim]
Staatsangehörigkeit	citizenship ['sitiznschip]
Geschlecht	sex ['seks]
divers	not listed [nɔt 'listid]
männlich	male [meil]
weiblich	female ['fi:meil]
Geburtsname	surname at birth ['sö:neim ət bö:θ]
Geburtsdatum	date of birth [deit əv bö:θ]
Familienstand	marital status ['märitl 'steitəs]
ledig	single ['singl]
verheiratet	married ['märid]
verpartnert	in a civil partnership [in ə sivl 'pɑ:tnəschip]
Geburtsort	place of birth [pleis əv bö:θ]
Wohnort	place of residence [pleis əv 'rezidns]

Straße	street [stri:t]
Hausnummer	house number [haus 'nambə]
Postleitzahl	postcode ['pəustkəud]
Telefonnummer	telephone number ['teləfəun 'nambə]
Adresse in …	address in … [ə'dres in]
Fluggesellschaft	airline ['eəlain]
Flugnummer	flight number [flait 'nambə]
Sitznummer (Zahl)	seat number (numeral) [si:t 'nambə]
Sitznummer (Buchstabe)	seat number (letter) [si:t 'nambə]
geplantes Rückflugdatum	date of scheduled return flight [deit əv 'skedju:ld ri'tö:n flait]
Gesundheitsfragebogen	heath questionnaire ['hi:θ kwestschə'neə]

VON HIER NACH DA

Entschuldigung!	Excuse me! [ik'skju:s 'mi:]
Verzeihung!	I'm sorry! [aim 'sɔri]
Können Sie mir bitte helfen?	Please can you help me? [pli:z kən ju help mi:]
Ich habe eine Frage.	I have a question. [ai həv ə 'kwestschən]
Wir wollen nach …	We want to go to … [wi: wɔnt tu gəu tu:]
Kannst du/Können Sie mir/uns sagen, wie ich am schnellsten nach … komme?	Please can you tell me the quickest way to get to …? [pli:z kən ju tel mi: ðə 'kwikist wei tu get tu:]
Was ist der kürzeste Weg nach …?	What is the shortest way to … [wɔt iz ðə 'schɔ:tist wei tu:]
Kann ich zu Fuß gehen?	Can I walk there? [kən ai wɔ:k ðeə]
Muss ich fahren?	Do I have to drive there? [du ai həv tu draiv ðeə]
Wie komme ich …?	How do I get to the …? [hau du: ai get tə ðə]
… zum Flughafen	… airport ['eəpɔ:t]
… zum Bahnhof	… train station ['trein 'steischn]
… zum Busbahnhof	… bus station [bas 'steɪschn]
… in die Innenstadt	… city centre ['siti 'sentə]
… zur Haltestelle *(U-Bahn)*	… underground station [andəgraund 'steischn]
… zur Haltestelle *(Bus)*	… bus stop [bas stɔp]
… zum Taxistand	… taxi rank [täksi ränk]
Wo ist der nächste Taxistand?	Where is the nearest taxi rank? [weə iz ðə 'niəist 'täksi ränk]

Mit welcher Telefonnummer kann ich ein Taxi rufen?	What's the number to call a taxi? [wɔts ðə 'nambə tu kɔ:l ə 'täksi]
Können Sie mir bitte ein Taxi rufen?	Please can you call me a taxi? [pli:z kən ju kɔ:l mi: ə 'täksi]
Gibt es hier Bikesharing?	Is there a bike-sharing system here? [iz ðeər ə 'baik'schering 'sistəm hiə]
Gibt es hier Carsharing?	Is there a car-sharing system here? [iz ðeər ə 'kɑ:'schering 'sistəm hiə]
Wo finde ich eine Autovermietung?	Where can I find a car hire company? [weə kən ai faind ə kɑ: 'haiə 'kampəni]
Wo ist die nächste Autovermietung?	Where is the nearest car hire company? [weə iz ðə 'niəist kɑ: 'haiə 'kampəni]
Wie heißt die Mitfahrzentrale?	What is the carpooling company called? [wɔt iz ðə 'kɑ:pu:ling 'kampəni kɔ:ld]

VERKEHRSMITTEL

Öffentlicher Personennahverkehr (ÖPNV)	public transport ['pablik 'tränspɔ:t]
Straßenbahn	tram [träm]
U-Bahn	underground [andə'graund]
S-Bahn	(suburban) train [(sə'bö:bn) trein]
Bus	bus [bas]
Zug	train [trein]
Schiff	boat [bəut]
Fähre	ferry ['feri]
Flugzeug	aeroplane ['eərəplein]
Taxi	taxi ['täksi]
Auto	car [kɑ:]
Motorrad	motorbike ['məutəbaik]
Motorroller	motor scooter ['məutə 'sku:tə]
Wohnmobil	camper van ['kämpə vän]
Wohnwagen	caravan ['kärəvän]
Mietwagen	hire car [haiə kɑ:]
Fahrrad	bicycle ['baisikl]
E-Bike	e-bike [i:'baik]
E-Scooter	e-scooter [i:'sku:tə]
E-Roller	e-scooter [i:'sku:tə]
Segway	Segway ['segwei]
zu Fuß	by/on foot [bai/ɔn fut]

MIT DEN ÖFFENTLICHEN

Bahnsteig	platform ['plätfɔ:m]
Busbahnhof	bus station [bas 'steischn]
Bushaltestelle	bus stop [bas stɔp]
Busplan	bus timetable [bas 'taimteibl]
Drehtür	revolving door [ri'vɔlving dɔ:]
Endstation	final station ['fainl 'steischn]
Fahrkartenautomat	ticket machine ['tikit mə'schi:n]
Fahrplan	timetable ['taimteibl]
Gebiet	region ['ri:dʒn]
Haltestelle	stop [stɔp]
Karte mit Streckennetz	route map [ru:t mäp]
Kontrolleur	ticket inspector ['tikit in'spektə]
Linie	line [lain]
Richtung	direction [dai'rekschn]
Schwingtür	swing door [swing dɔ:]
Zone	zone [zəun]

INSIDER-TIPP
GUT ZU WISSEN

FAHRKARTEN FÜR BUSSE & BAHNEN

In Großbritannien gibt es für Busfahrkarten keine Automaten, Tickets kauft man beim Fahrer im Bus. Entweder bezahlt man mit Debit- bzw. Kreditkarte oder bar. In dem Fall solltest du es immer passend haben. In London kann man jedoch nur mit Karte bezahlen. Ein absolutes MUSS: Bedank dich beim Aussteigen im Vorbeigehen beim/bei der Fahrer:in mit einem freundlichen *Thank you* [θänk ju], *Thanks* [θänks] oder *Cheers!* [tschiəz]. Für die Londoner U-Bahn kaufst du Tickets am Automaten. Am günstigsten ist die Visitor Oyster Card ['vizitə 'ɔistə ka:d], Informationen dazu findest du unter der Adresse www.visitbritainshop.com/de/de/london-visitor-oyster-card.

KÖNNEN SIE MIR HELFEN?

Wo kann ich eine Fahrkarte kaufen?	Where can I buy a ticket? [weə kən ai bai ə 'tikit]
Was kostet eine Fahrkarte nach …?	How much is a ticket to …? [hau matsch iz ə 'tikit tu:]
Kann ich ein Handyticket kaufen?	Can I buy a ticket with my phone? [kən ai bai ə 'tikit wið mai fəun]
Gibt es …?	Are there …? [ɑ: ðeə]
… Touristentickets	… tourist tickets ['tuərist 'tikits]
… Tageskarten	… day tickets [dei 'tikits]
… Mehrfahrtenkarten	… multi-trip tickets [malti trip 'tikits]
… Gruppenkarten	… group tickets [gru:p 'tikits]
… Kombitickets	… combined tickets [kəm'baind 'tikits]
Gibt es eine Ermäßigung für …?	Is there a discount for …? [iz ðeər ə 'diskaunt fɔ:]
… Senior:innen	… senior citizens ['si:niə 'sitiznz]
… Kinder	… children ['tschildrən]
… Studierende	… students ['stju:dnts]
… Menschen mit Einschränkungen	… disabled people [di'seibld pi:pl]
Wo muss ich umsteigen?	Where do I need to change? [weə du ai ni:d tu tscheindʒ]
Können Sie mir sagen, wo ich für … aussteigen muss?	Please can you tell me where I need to get off for …? [pli:z kən ju tel mi: weə ai ni:d tu get ɔf fɔ:]
Wie viele Stationen sind es bis …?	How many stops are there to …? [hau 'meni stɔps ɑ: ðeə tu:]
Ist die Haltestelle barrierefrei?	Does the station have step-free access? [dəz ðə 'steischn həv step fri: 'äkses]
Gibt es …?	Is there …? [iz ðeə]
… eine Rolltreppe	… an escalator [ən 'eskəleitə]
… einen Aufzug	… a lift [ə lift]

MIT DEM ZUG

IM BAHNHOF

Abfahrt	departure [di'pɑ:tschə]
Ankunft	arrival [ə'raivl]
Anzeigetafel	display board [di'splei bɔ:d]
Bahnhof	station ['steischn]
Durchsage	announcement [ə'naunsmənt]

Fahrkartenautomat	ticket machine ['tikit mə'schi:n]
Fahrkartenschalter	ticket counter ['tikit 'kauntə]
Fahrplan	timetable ['taimteibl]
Fundbüro	lost property [lɔst 'prɔpəti]
Gepäckaufbewahrung	left luggage [left 'lagidʒ]
Gleis	platform ['plätfɔ:m]
Gleiswechsel	platform change ['plätfɔ:m tscheindʒ]
Hauptbahnhof	main railway station [mein 'reilwei 'steischn]
Information	information [infə'meischn]
Kiosk	kiosk ['ki:ɔsk]
Schließfächer	lockers ['lɔkəz]
Signal	signal ['signəl]
Verspätung	delay [di'lei]
Warteraum	waiting room ['weiting ru:m]
Zug	train [trein]
Zugausfall	cancellation [känsl'eischn]

AM FAHRKARTENSCHALTER

einfache Fahrt	single journey [singl 'dʒö:ni]
Hin- und Rückfahrt	return journey [ri'tö:n 'dʒö:ni]
Liegewagen	couchette car [ku:'schet kɑ:]
Platzreservierung	seat reservation [si:t rezə'veischn]
Fensterplatz	window seat ['windəu si:t]
Gangplatz	aisle seat [ail si:t]
Ruhebereich	quiet car ['kwaiət kɑ:]
Schlafwagen	sleeper car ['sli:pə kɑ:]
Umsteigen	change ['tscheindʒ]

Eine Fahrkarte nach …, bitte.	A ticket to …, please. [ə 'tikit tu ... pli:z]
Ich möchte eine Platzreservierung.	I would like to reserve a seat, please. [ai wud laik tu ri'zö:v ə si:t pli:z]
Gibt es einen früheren/späteren Zug?	Is there an earlier/a later train? [iz ðeər ən 'ö:liə/ə 'leitə trein]
Wann fährt der nächste Zug nach …?	When is the next train to …? [wen iz ðə nekst trein tu:]
Was ist die schnellste/günstigste Verbindung?	What is the fastest/cheapest route? [wɔt iz ðə 'fɑ:stist/'tschi:pist ru:t]

AM GLEIS

Abfahrt	departure [di'pɑ:tschə]
Wo fährt der Zug nach … ab?	Where does the train to … leave from? [weə dəz ðə 'rein tu ... li:v frəm]
Der Zug fällt aus.	The train is cancelled. [ðə trein iz 'känsld]

Der Zug hat … Minuten Verspätung. — The train is delayed by … minutes. [ðə trein iz di'leid bai … 'minits]
Ich habe meinen Anschluss verpasst. — I missed my connection. [ai 'mist mai kə'nekschn]
Ich habe die Durchsage nicht verstanden. — I didn't understand the announcement. [ai 'didnt andə'ständ ði ə'naunsmənt]
Bitte steigen Sie ein. — Please board the train. [pli:z bɔ:d ðə trein]
Können Sie mir mit meinem Koffer/meiner Tasche helfen? — Please can you help me with my suitcase/bag? [pli:z kən ju help mi: wið mai 'su:tkeis/bäg]

IM ZUG

Abteil — compartment [kəm'pɑ:tmənt]
Fahrkartenkontrolle — ticket inspection ['tikit in'spekschn]
Großraumwagen — open car ['əupn kɑ:]
reservierter Platz — reserved seat [ri'zö:vd si:t]
Schaffner:in — ticket inspector ['tikit in'spektə]
Speisewagen — buffet car ['bafit kɑ:]
Verzeihung, ich habe eine Reservierung für diesen Platz. — Excuse me, I've reserved this seat. [ik'skju:s mi: aiv ri'zö:vd ðis si:t]
Ist dieser Platz noch frei? — Is this seat free? [iz ðis si:t fri:]
Ist dieser Platz reserviert? — Is this seat reserved? [iz ðis si:t ri'zö:vd]
Wie viele Stationen sind es noch bis …? — How many stops are there to …? [hau meni stɔps ɑ: ðeə 'u:]
Habe ich Anschluss an den Zug nach …? — Can I change onto the train to …? [kən ai tscheindʒ 'ɔntu ðə trein tu:]

MIT DEM FLIEGER

AM FLUGHAFEN

Abfertigungsschalte — check-in counter [tschek'in 'kauntə]
Abflug-/Ankunftszeit — departure/arrival time [di'pɑ:tschə/ə'raivl taim]
Abflug(bereich) — departures [di'pɑ:tschəz]
Ankunft(sbereich) — arrivals [ə'raivlz]
Anzeigetafel — display board [di'splei bɔ:d]
Ausfall — cancellation [känsl'eischn]
Fluggesellschaft — airline ['eəlain]
Gate — gate [geit]
Gepäckaufgabe — baggage check-in ['bägidʒ tschek'in]
Gepäckband — baggage carousel ['bägidʒ kärə'sel]
Verspätung — delay [di'lei]

VOR DEM FLUG

take-off
['teikɔf]

landing
['länding]

baggage check-in
['bägidʒ tschek'in]

baggage reclaim
['bägidʒ ri'kleim]

baggage trolley
['bägidʒ 'trɔli]

taxi rank
['täksi ränk]

Aufgabegepäck	checked luggage [tschekt 'lagidʒ]
Boarding-Zeit	boarding time ['bɔːding taim]
Bordkarte	boarding pass ['bɔːding pɑːs]
Fensterplatz	window seat ['windəu siːt]
Gangplatz	aisle seat ['ail siːt]
Handgepäck	hand luggage [händ 'lagidʒ]
Reisepass	passport ['pɑːspɔːt]
Schalter	counter ['kauntə]
Gilt dieses Gepäckstück noch als Handgepäck?	Does this (item of luggage) count as hand luggage? [dəz ðis ('aitəm əv 'lagidʒ) kaunt əz händ 'lagidʒ]
Wo/Wann kann ich … abgeben?	Where/When can I check-in …? [weə/wen kən ai tschek'in]
… den Buggy/Kinderwagen	… the buggy/pram [ðə 'bagi/präm]
… meine Sportausrüstung	… my sports equipment [mai spɔːts i'kwipmənt]
… den Rollstuhl	… the wheelchair [ðə 'wiːltscheə]
… die Hundetransportbox	… the dog transport box [ðə dɔg 'tränspɔːt bɔks]

IM FLUGZEUG

Flugbegleiter:in	flight attendant [flait ə'tendnt]
Landung	landing ['länding]
Notausgang	emergency exit [i'mö:dʒnsi 'egzit]
Sauerstoffmaske	oxygen mask ['ɔksidʒən mɑ:sk]
Schwimmweste	life jacket [laif 'dʒäkit]
Sicherheitsanweisungen	safety instructions ['seifti in'strakschnz]
Sicherheitsgurt	seat belt [si:t belt]
Sitz	seat [si:t]
Spucktüte	sick bag [sik bäg]
Turbulenzen	turbulence ['tö:bjuləns]
zollfreier Einkauf an Bord	duty-free shopping on board [dju:ti'fri: 'schɔping ɔn bɔ:d]
Können wir die Sitzplätze tauschen?	Could we swap seats, please? [kəd wi: swɔp si:ts]
Ich möchte mit … zusammensitzen.	I would like to sit with my … [ai wud laik tu sit wið mai]
… meiner Freundin/Frau	… girlfriend/wife ['gö:lfrend/waif]
… meinem Freund/Mann	… boyfriend/husband ['bɔifrend/'hazbənd]
… meinem Kind	… child [tschaild]
… meiner Mutter	… mother ['maðə]
… meinem Vater	… father ['fɑ:ðə]
… meiner Schwester	… sister ['sistə]
… meinem Bruder	… brother ['braðə]
Mir ist schlecht.	I feel sick. [ai fi:l sik]
Kann ich bitte ein Glas Wasser bekommen?	Please may I have a glass of water? [pli:z mei ai həv ə glɑ:s əv 'wɔ:tə]
Ich habe Flugangst.	I'm scared of flying. [aim 'skeəd əv 'flaiing]
Ich brauche Hilfe.	I need help. [ai ni:d help]
Ich habe die Durchsage nicht verstanden.	I didn't understand the announcement. [ai 'didnt andə'ständ ði ə'naunsmənt]

NACH DEM FLUG

Ausgang	exit ['egzit]
Gepäckausgabe	baggage reclaim ['bägidʒ ri'kleim]
Gepäckband	baggage carousel ['bägidʒ kärə'sel]
Zoll	customs ['kastəmz]
Ich habe nichts zu verzollen.	I have nothing to declare. [ai həv 'naθing tu di'kleə]
Mein Gepäck ist verloren gegangen.	My luggage has got lost. [mai 'lagidʒ həz gɔt lɔst]

MIT DEM SCHIFF

Anlegestelle	pier [piə]
Deck	deck [dek]
Fähre/Autofähre	ferry/car ferry ['feri/kɑ: 'feri]
Festland	mainland ['meinländ]
Hafen	docks [dɔks]
Hafenrundfahrt	harbour tour ['hɑ:bə tuə]
Insel	island ['ailənd]
Kabine	cabin ['käbin]
Kapitän:in	captain ['käptin]
Küste	coast [kəust]
Rettungsboot	lifeboat ['laifbəut]
Schiff	boat [bəut]
Schwimmweste	life jacket [laif 'dʒäkit]
Welle	wave [weiv]

VOR DER FAHRT

Ich hätte gern eine Fahrkarte/ zwei Fahrkarten für eine Rundfahrt.	One/two tour tickets, please. [wan/tu: tuə 'tikits pli:z]
Was kostet eine Fahrkarte für Erwachsene/Kinder?	How much is an adult/a child ticket? [hau matsch iz ən 'ädalt/ə tschaild 'tikit]
Gibt es ein Familienticket?	Is there a family ticket? [iz ðeər ə 'fämli 'tikit]
Gibt es Rabatt?	Are there any discounts? [ɑ: ðeər 'eni 'diskaunts]
Was kostet die Fahrkarte für …?	How much is a ticket for …? [hau matsch iz ə 'tikit fɔ:]
einen Camper	a camper van [ə 'kämpə vän]
einen Pkw	a car [ə kɑ:]
ein Wohnmobil	a camper van [ə 'kämpə vän]
einen Wohnwagen	a caravan [ə 'kärəvän]
Muss ich auch für das Fahrrad bezahlen?	Do I also have to pay for my bike? [du ai 'ɔ:lsəu həv tu pei fɔ: mai baik]
Wann geht die nächste Fähre nach …?	When is the next ferry to …? [wen iz ðə nekst 'feri tu:]
Wann geht die letzte Fähre …?	When is the last ferry to …? [wen iz ðə lɑ:st 'feri tu:]
Gibt es einen Fahrplan?	Is there a timetable? [iz ðeər ə 'taimteibl]
Wie oft fahren die Fähren?	How regularly do the ferries run? [hau 'regjuləli du ðə 'feriz ran]

Wie lange dauert die Überfahrt?	How long does the crossing last? [hau lɔng dəz ðə 'krɔsing lɑ:st]
Hält die Fähre unterwegs?	Does the ferry make any stops? [dəz ðə 'feri meik 'eni stɔps]

AUF DEM SCHIFF

Mir ist schlecht.	I feel sick. [ai fi:l sik]
Wo ist die Toilette?	Where are the toilets? [weə ɑ: ðə 'tɔiləts]
Kann man hier etwas zu essen kaufen?	Can we buy anything to eat here? [kən wi: bai 'eniθing tu i:t 'hiə]
Gibt es Getränke?	Are there drinks? [ɑ: ðeə 'drinks]
Wo ist der Kapitän?	Where is the captain? [weə iz ðə 'käptən]

MIT DEM TAXI

Können Sie mir ein Taxi rufen?	Can you call me a taxi, please? [kən ju kɔ:l mi: ə 'täksi pli:z]
Sind Hunde erlaubt?	Are dogs allowed? [ɑ: dɔgz ə'laud]
Wir brauchen einen Kindersitz.	We need a child seat. [wi: ni:d ə tschaild si:t]
Sind Sie frei?	Are you free? [ɑ: ju fri:]
Was kostet eine Fahrt nach …?	How much does it cost to get to …? [hau matsch dəz it kɔst tu get tu:]
Ich habe es sehr eilig.	I'm in a big hurry. [aim in ə big 'hari]
Bitte stellen Sie die Uhr/den Taxameter an.	Please turn the meter on. [pli:z tö:n ðə 'mi:tə ɔn]
Sie können mich hier rauslassen.	You can let me out here. [ju kən let mi: aut hiə]
Ich brauche eine Quittung/einen Beleg.	Please can I have a receipt? [pli:z kən ai həv ə ri'si:t]
Kann ich mit Karte zahlen?	Can I pay by card? [kən ai pei bai kɑ:d]
Stimmt so.	Keep the change. [ki:p ðə tscheindʒ]
Bitte geben Sie mir auf 15 Pfund raus.	Give me the change from £15. [giv mi: ðə tscheindʒ frəm fif'ti:n paundz]

MIT DEM AUTO ODER MOTORRAD

Autobahn	motorway ['məutəwei]
Feldweg	farm track [fɑ:m träk]
Führerschein	driving license ['draiving 'laisns]
kurvig	winding ['wainding]
Landstraße	A-road [ei rəud]
Schnellstraße	dual carriageway ['dju:əl 'käridʒwei]
Schotterpiste/unbefestigte Straße	dirt/gravel road [dö:t/grävl rəud]
Serpentine	hairpin bends ['heəpin bendz]
sehr steil/starkes Gefälle	very steep ['veri sti:p]
Tempolimit	speed limit [spi:d 'limit]

AN DER TANKSTELLE

Tankstelle	petrol station ['petrl steischn]
Tanken	to refuel [tu: ri:'fjuəl]
Volltanken	to fill up [tu: fil ap]
Ich möchte für 20 Euro tanken.	I want to fill up for £20. [ai wɔnt tu fil ap fɔ: 'twenti paundz]
Können Sie bitte …?	Please can you …? [pli:z kən ju:]
… den Ölstand prüfen	… check the oil [tschek ði ɔil]
… den Reifendruck prüfen	… check the tyre pressure [tschek ðə 'taiə 'preschə]
… Kühlwasser nachfüllen	… fill up the coolant [fil ap ðə 'ku:lənt]
… die Windschutzscheibe putzen	… clean the windscreen [kli:n ðə 'windskri:n]
Wo ist die nächste …?	Where is the nearest …? [weə iz ðə 'niəist]
… Elektro-Ladestation	… charging point ['tschɑ:dʒing pɔint]
… Schnellladesäule	… rapid charging point ['räpid 'tschɑ:dʒing pɔint]
Benzin	petrol ['petrl]
Benzinarten	fuel types ['fjuəl 'taips]
Super	Super (95/97/98 octane) ['su:pə ('nainti'faiv/'nainti'sevn/'nainti'eit ɔk'tein)]
Diesel	diesel ['di:zl]
LPG	LPG ['elpi:dʒi:]

PARKEN

Anwohnerparken	residents-only parking ['rezidnts 'əunli 'pɑ:king]
Parkgebühr	parking fee ['pɑ:king fi:]

Parkhaus	multi-storey car park ['malti 'stɔ:ri kɑ: 'pɑ:k]
Parkplatz	car park ['kɑ: 'pɑ:k]
Parkscheibe	parking disc ['pɑ:king disk]
Parkuhr	parking meter ['pɑ:king 'mi:tə]
Parkverbot	no parking ['nəu 'pɑ:king]

Darf ich hier parken?	Can I park here? [kən ai pɑ:k hiə]
Wo kann ich am günstigsten parken?	Where's the best place to park? [weəz ðə best pleis tu pɑ:k]
Wo kann ich mein Auto abstellen?	Where can I park my car? [weə kən ai pɑ:k mai kɑ:]

VERSTÖSSE

Wie viel muss ich bezahlen?	How much do I have to pay? [hau matsch du ai həv tu pei]
Bekomme ich Rabatt, wenn ich sofort bezahle?	Is there a discount if I pay immediately? [iz 'ðeər ə 'diskaunt if ai pei i'mi:diətli]
Ich bin nicht zu schnell gefahren.	I was not driving too fast. [ai wəz nɔt 'draiving tu: fɑ:st]
Ich habe keinen Alkohol getrunken.	I have not been drinking. [ai həv nɔt bin 'drinking]

MIT DEM MIETWAGEN

Autovermietung	car hire [kɑ: 'haiə]
Cabrio	convertible [kən'vö:tibl]
Fahrzeugtyp	vehicle type ['vi:ikl taip]
Kleinstwagen	small car [smɔ:l kɑ:]
Kleinwagen	compact car ['kɔmpäkt kɑ:]
Kombi	estate car [i'steit kɑ:]
Limousine	saloon car [sə'lu:n kɑ:]
Minibus	mini van ['mini vän]
SUV	SUV ['esju:vi:]
Van	van [vän]
Versicherung	insurance [in'schɔ:rəns]
Vollkaskoversicherung	fully comprehensive insurance ['fuli kɔmpri'hensiv in'schɔ:rəns]
mit/ohne Selbstbeteiligung	with/without excess [wið/wi'ðaut ik'ses]
Zusatzversicherung	additional insurance [ə'dischnl in'schɔ:rəns]
Viertürer	four-door vehicle [fɔ: dɔ: 'vi:ikl]
Zweitürer	two-door vehicle [tu: dɔ: 'vi:ikl]

VOR DER ÜBERNAHME

Ich möchte ein … mieten.	I would like to hire a … [ai wud laik tu 'haiə ə]
… Auto	… car. ['kɑ:]
… Wohnmobil	… camper van. ['kämpə vän]
… Fahrrad	… bike. [baik]
… Motorrad	… motorbike. ['məutəbaik]
Was kostet die Miete … ?	What is the rate …? [wɔt iz ðə reit]
für eine Woche	… for a week [fɔ: ə wi:k]
fürs Wochenende	… for the weekend [fɔ: ðə wi:k'end]
für 3 Tage	… for three days [fɔ: θri: deiz]
Gibt es Rabatt für mehrere Tage?	Is there a discount for multiple days? [iz ðeər ə 'diskaunt fɔ: 'maltipl deiz]
Welches sind die günstigsten Autos?	Which cars are the cheapest? [witsch kɑ:z ɑ: ðə 'tschi:pəst]
Haben Sie auch Elektro-Autos?	Do you have EVs? [du ju həv 'i:vi:z]
Wann muss ich das Fahrzeug spätestens zurückgeben?	When is the latest that I need to return the vehicle by? [wen iz ðə 'leitist ðət ai ni:d tu ri'tö:n ðə 'vi:ikl bai]
Ich brauche …	I need … [ai ni:d]
… einen Kindersitz.	… a child seat. [ə tschaild si:t]
… eine Babyschale.	… a baby seat. [ə 'beibi si:t]
… einen Gepäckträger.	… a luggage rack. [ə 'lagidʒ räk]
… einen Fahrradhelm.	… a bike helmet. [ə baik 'helmət]
… einen Korb	… a basket. [ə 'bɑ:skit
… eine Fahrradtasche.	… a bike bag. [ə baik bäg]
Ist das Fahrzeug umfassend versichert?	Is the vehicle fully insured? [iz ðə 'vi:ikl 'fuli in'schɔ:d]
Wie hoch ist die Selbstbeteiligung?	How much is the excess amount? [hau matsch iz ði ik'ses ə'maunt]
Wie viele Kilometer sind inbegriffen?	How many miles are included? [hau 'meni mailz ɑ:r in'klu:did]
Was ist die Mindestversicherungssumme?	What is the minimum insurance amount? [wɔt iz ðə 'miniməm in'schɔ:rəns ə'maunt]
Wie hoch ist die Kaution?	How much is the deposit? [hau matsch iz ðə di'pɔzit]
Kann ich das Auto bitte sehen?	Please may I see the car? [pli:z mei ai si: ðə kɑ:]
Ich möchte vor der Übernahme ein Protokoll mit Ihnen machen.	Before accepting the car, I would like us to do a vehicle condition report. [bi'fɔ: ək'septing ðə kɑ: ai wud laik əs tu du ə 'vi:ikl kən'dischn ri'pɔ:t]
Schreiben Sie die Mängel auf.	Please make a note of the damage. [pli:z meik ə nəut əv ðə 'dämidʒ]

Muss ich das Auto vollgetankt zurückgeben?	Do I need to bring the car back full? [du ai ni:d tu bring ðə kɑ: bäk ful]
Wie viel Benzin muss im Tank sein, wenn ich das Auto zurückgebe?	How much fuel needs to be in the tank when I bring the car back? [hau matsch fjuəl ni:dz tu bi: in ðə tänk wen ai bring ðə kɑ: bäk]
Was kostet es, wenn bei der Rückgabe nicht genug Benzin im Tank ist?	How much will it cost if there isn't enough fuel in the tank when I bring it back? [hau matsch wil it kɔst if ðeər 'iznt i'naf fjuəl in ðə tänk wen ai bring it bäk]
Wie sind Ihre Öffnungszeiten?	What are your opening hours? [wɔt ɑ: jɔ: 'əupning 'auəz]
Kann ich das Fahrzeug in .../am Flughafen zurückgeben?	Can I return the vehicle in .../at the airport? [kən ai ri'tö:n ðə 'vi:ikl in/ät 'ði 'eəpɔ:t]

BEI DER RÜCKGABE

Ich möchte bitte ein Rückgabeprotokoll haben.	I would like to have a return vehicle condition report, please. [ai wud laik tu həv ə ri'tö:n 'vi:ikl kən'dischn ri'pɔ:t]
Bitte geben Sie mir die Kaution zurück.	Please can I have my deposit back? [pli:z kən ai həv mai di'pɔzit bäk]

UNFALL

Ampel	traffic light(s) ['träfik lait(s)]
Beteiligte	person involved ['pö:sn in'vɔlvd]
Bruch	break [breik]
Kontaktdaten	contact details ['kɔntäkt 'di:teilz]
Krankenwagen	ambulance ['ämbjuləns]
Leihwagen	hire car ['haiə 'kɑ:]
Polizei	police [pə'li:s]
Prellung	bruising ['bru:zing]
Schaden/Schäden	damage/damages ['dämidʒ/'dämidʒiz]
Schleudertrauma	whiplash ['wipläsch]
Schuld sein	to be to blame [tu: bi: tu bleim]
Selbstbeteiligung	excess amount [ik'ses ə'maunt]
Totalschaden	write-off [rait ɔf]
Unfall	accident ['äksidnt]
Unfallbericht	accident report ['äksidnt ri'pɔ:t]
Unfallstelle	accident site ['äksidnt 'sait]
Vorfahrt genommen	took my right of way [tuk mai rait əv wei]
Vorfahrt haben	to have right of way [tu: həv rait əv wei]
Verletzte	injured person ['indʒəd 'pö:sn]
Verletzung	injury ['indʒəri]
Wirbelsäule	spine ['spain]

Wunde	wound [wu:nd]
Zeug:innen	witness ['witnəs]
Zusammenstoß	crash [kräsch]

► siehe S. 144 *Notfälle*

Rufen Sie einen Rettungswagen!	Call an ambulance! [kɔ:l ən 'ämbjuləns]
Wir brauchen einen Notarzt!	We need a doctor! [wi: ni:d ə 'dɔktə]
Wo ist das nächste Krankenhaus?	Where is the nearest hospital? [weə iz ðə 'niərəst 'hɔspitl]
Die Wunden müssen versorgt werden.	The wounds need to be treated. [ðə waundz ni:d tu bi: 'tri:tid]
Ich brauche den Verbandskasten.	I need a first aid kit. [ai ni:d ə fö:st eid kit]
Ich möchte die Polizei rufen.	I want to call the police. [ai wɔnt tu kɔ:l ðə pə'li:s]
Das ist ein Leihwagen, deshalb rufe ich jetzt die Autovermietung an.	This is a hire car so I need to call the rental company. [ðis iz ə 'haiə kɑ: səu ai ni:d tu kɔ:l ðə 'rentl 'kampəni]
Ich mache ein Foto von dem Schaden.	I'm going to take a photo of the damage. [aim 'gəuing tu teik ə 'fəutəu əv ðə 'dämidʒ]
Haben Sie ein Abschleppseil?	Do you have a tow rope? [du ju həv ə təu rəup]
Wir brauchen einen Abschleppwagen.	We need a breakdown van. [wi: ni:d ə 'breikdaun vän]
Wo ist die nächste Werkstatt?	Where is the nearest garage? [weə iz ðə 'niəist gä'rɑ:ʒ]
Das bezahlt meine Versicherung.	My insurance will pay for it. [mai in'schɔ:rəns wil pei fɔ: it]
Ich habe keine Schuld.	It's not my fault. [its nɔt mai fɔlt]
Sie sind zu schnell gefahren.	You were driving too fast. [ju wə 'draiving tu: fɑ:st]
Sie sind hinten aufgefahren.	You rear-ended me! [ju 'riə'endid mi:]
Sie sind über die rote Ampel gefahren.	You ran the red light. [ju rän ðə red lait]
Sie haben mir die Vorfahrt genommen.	You took my right of way. [ju tuk mai rait əv wei]
Bitte geben Sie mir Ihre Kontaktdaten.	Please give me your contact details. [pli:z giv mi: jɔ: 'kɔntäkt 'di:teilz]

AUTOPANNE & REPARATUR

Abschleppwagen	recovery vehicle [ri'kavəri 'vi:ikl]
Notrufsäule	emergency telephone [i'mö:dʒnsi 'telifəun]

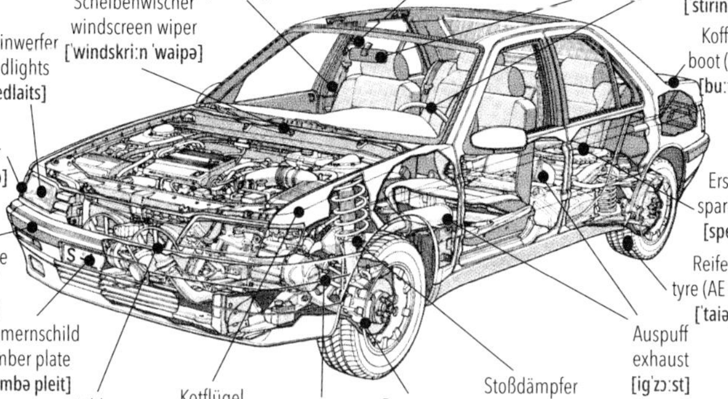

Pannenhilfe	breakdown service ['breikdaun 'sö:vis]
Pannendienst	roadside assistance ['rəudsaid ə'sistns]
Teilkasko	partial cover ['pɑ:schl 'kavə]
Vollkasko	full cover ['ful 'kavə]
Mein Wagen springt nicht an.	My car won't start. [mai kɑ: wəunt stɑ:t]
Ich habe kein Benzin mehr. Können Sie mir 5 Liter mitbringen?	I've run out of petrol. Please can you bring me five litres? [aiv ran aut əv 'petrl pli:z kən ju bring mi: faiv 'li:təz]
Ein Reifen ist platt/geplatzt.	One of my tyres is flat/has burst. [wan əv mai 'taiəz iz flät/həz bö:st]
Die Bremsen funktionieren nicht richtig.	The brakes aren't working properly. [ðə breiks ɑ:nt 'wö:king 'prɔpli]
Der Scheibenwischer ist kaputt.	The wipers are broken. [ðə 'waipəz ɑ: 'brəukn]
Die Windschutzscheibe hat einen Steinschlag.	There's a chip in the windshield. [ðeəz ə tschip in ðə 'windschi:ld]
Ich habe kein Starthilfekabel.	I don't have any jump leads. [ai dəunt həv 'eni 'dʒamp li:dz]
Mein Auto ist rot/grau/weiß und steht …	My car is red/grey/white and is … [mai kɑ: iz red/grei/wait ənd iz]
am Fahrbahnrand.	at the side of the road. [ət ðə said əv ðə rəud]
auf der linken/rechten Fahrspur.	in the left/right lane. [in ðə left/rait lein]

Können Sie mich abschleppen?	Please can you take me to …? [pli:z kən ju teik mi: tu:]
… zur nächsten Werkstatt	… the nearest garage [ðə 'niəist gä'rɑ:ʒ]
… zur nächsten Tankstelle	… the nearest petrol station [ðə 'niəist 'petrl 'steischn]
Der Motor macht merkwürdige Geräusche.	The engine is making strange noises. [ði 'endʒin iz 'meiking 'streindʒ 'nɔiziz]
Der Motor geht aus.	The engine dies. [ði 'endʒin daiz]
Kann ich damit noch nach Hause fahren?	Can I drive it home? [kən ai draiv it həum]
Machen Sie mir einen Kostenvoranschlag?	Please can you give me a quote? [pli:z kən ju giv mi: ə kwəut]
Meine Versicherung übernimmt die Kosten.	My insurance will cover the costs. [mai in'schɔ:rəns wil 'kavə ðə kɔsts]

MIT DEM FAHRRAD

Wo kann ich das Fahrrad (sicher) abstellen?	Where can I leave the bike (securely)? [weə kən ai li:v ðə baik (si'kjuəli)]
Kann man hier Fahrräder mieten?	Can I rent bikes here? [kən ai rent baiks hiə]
Darf ich das Fahrrad in der U-Bahn/im Bus mitnehmen?	Can I take the bike on the underground/on the bus? [kən ai teik ðə baik ɔn ði 'andəgraund/ɔn ðə bas]
Brauche ich ein Ticket für das Fahrrad?	Do I need a ticket for the bike? [du ai ni:d ə 'tikit fɔ: ðə baik]
landschaftlich reizvolle Route	scenic route ['si:nik ru:t]
durch die Natur	through the countryside [θru: ðə 'kantrisaid]
Ich habe einen Platten.	I have a flat tyre. [ai həv ə flät 'taiə]

► siehe S. 135 *Fahrrad & Co.*

MITFAHRGELEGENHEIT

Mitfahrzentrale	car-sharing agency [kɑ: 'schering 'eidʒnsi]
trampen	to hitch-hike [tu: hitsch haik]
Uber	Uber [u:bə]
Vielen Dank fürs Mitnehmen.	Thanks for the ride. [θänks fɔ: ðə raid]
Sie können mich hier rauslassen.	You can let me out here. [ju kən let mi: aut hiə]

NACH DEM WEG FRAGEN

rechts	right [rait]
links	left [left]
geradeaus	straight ahead [streit ə'häd]
an der Kreuzung	at the crossroads [ət ðə 'krɔsrəudz]
an der Ampel	at the traffic lights [ət ðə 'träfik laits]
über den Platz	across the square [ə'krɔs ðə skweə]
durch die Gasse	through the alley [θru: ði äli]
über die Brücke	over the bridge ['əuvə ðə bridʒ]
in die … Straße	into …street ['intu: ... stri:t]
durch die Unterführung/den Tunnel	through the underpass/tunnel [θru: ði 'andəpɑ:s/tanl]
nach ungefähr drei Häuserblocks	after approx. three blocks ['ɑ:ftə ə'prɔksimətli θri: blɔks]
immer Richtung Altstadt/Stadtmitte	keep going towards the old town/city centre [ki:p 'gəuing tə'wɔ:dz ði əuld taun/'siti 'sentə]
Ich habe mich verlaufen/verfahren.	I'm lost. [aim lɔst]
Können Sie mir sagen, wie ich nach … komme?	Please can you tell me how to get to …? [pli:z kən ju tel mi: hau tu get tu:]
Wie viele Minuten brauche ich … nach …?	How long does it take to get to … …? [hau lɔng dəz it teik tu get tu:]
… zu Fuß	… on foot [ɔn fut]
… mit dem Fahrrad	… by bike [bai baik]
… mit dem Auto	… by car [bai kɑ:]
An der Ampel rechts abbiegen.	Turn right at the traffic lights. [tö:n rait ət ðə 'träfik laits]
Im Kreisverkehr die dritte Ausfahrt nehmen.	At the roundabout, take the third exit. [ət ðə 'raundəbaut teik ðə θö:d 'egzit]

MIT KINDERN REISEN

Babyschale	infant carrier ['infənt 'käriə]
Buggy	buggy ['bagi]
Fahrradanhänger	bicycle trailer ['baisikl 'treilə]
Kindersitz	child seat [tschaild si:t]
Kinderwagen	pram [präm]
Sitzerhöhung	booster seat ['bu:stə si:t]

Können Sie mir bitte helfen?	Please can you help me? [pli:z kən ju help mi:]
Muss ich für mein Kind auch bezahlen?	Do I need to pay for my child? [du ai ni:d tu pei fɔ: mai tschaild]
Müssen Kinder unter 6 Jahren Eintritt bezahlen?	Do children under 6 have to pay admission? [du 'tschildrən 'andə siks häv tu pei əd'mischn]
Was kostet ein Ticket für Kinder bis 14 Jahren?	How much is a ticket for children up to the age of 14? [hau matsch iz ə 'tikit fɔ: 'tschildrən ap tu ði eidʒ əv fɔ:'ti:n]
Muss ich mein Kind auf den Schoß nehmen?	Do I have to have my child on my lap? [du ai həv tu həv mai tschaild ɔn mai läp]
Können Sie mir mit dem Kinderwagen helfen?	Could you help me with the pram, please? [kəd ju help mi: wið ðə präm]

IM FLUGZEUG

Babybett	cot [kɔt]
Babyrückhaltesystem	baby restraint system ['beibi ri'streint 'sistəm]
Kindermenü	children's menu ['tschildrənz 'menju:]
Kinderrückhaltesystem	child restraint system [tschaild ri'streint 'sistəm]
Können wir hinter der Trennwand sitzen?	Can we sit behind the partition wall? [kən wi: sit bi'haind ðə pɑ:'tischn wɔ:l]
Gibt es einen Wickeltisch?	Do you have a changing table? [du ju həv ə 'tscheindʒing 'teibl]
Können Sie mir noch … geben?	Please could I have …? [pli:z kəd ai həv]
… eine Decke	… a blanket [ə 'blänkit]
… ein Kissen	… a pillow [ə 'piləu]

BARRIEREFREI REISEN

Aufzug	lift [lift]
barrierefreie Toilette	barrier-free toilet ['bäriə'fri: 'tɔilət]
barrierefreier Zugang	barrier-free access ['bäriə'fri: 'äkses]
Begleithund	companion dog [kəm'pänjən dɔg]
Begleitperson	companion person [kəm'pänjən 'pö:sn]
Behindertenausweis	disability certificate [disə'biliti sə'tifikət]
Behindertenparkplatz	disabled parking space [di'seibld 'pɑ:king 'speis]
Blindenschrift	Braille [breil]
Durchgangsbreite	passage width ['päsidʒ widθ]

ebenerdiger Eingang	ground-floor entrance [graund'flɔ: 'entrəns]
Gebärdensprache	sign language [sain 'längwidʒ]
Rollator	rollator [rɔ'läitə]
Rampe	ramp [rämp]
Rollstuhl	wheelchair ['wi:ltscheə]
rollstuhlgerecht	wheelchair accessible ['wi:ltscheə ək'sesəbl]
Service-Klingel	assistance bell [ə'sistns 'bel]
Gibt es … ?	Is there …? [iz ðeə]
… einen barrierefreien Zugang?	… barrier-free access? ['bäriə fri: 'äkses]
… eine barrierefreie Toilette?	… a barrier-free toilet? [ə 'bäriə fri: 'tɔilət]
Sind alle Bereiche barrierefrei zugänglich?	Are all areas barrier-free? [ɑ:r ɔ:l 'eəriəz 'bäriə fri:]
Ich brauche …	I need … [ai ni:d]
… eine Assistenz	… assistance [ə'sistns]
… eine Rampe	… a ramp [ə rämp]

INSIDER-TIPP

GUT ZU WISSEN

BARRIEREFREI REISEN IN UK

Sehr viele öffentlichen Gebäude in Großbritannien sind mit Aufzügen oder Rampen versehen, die auch Rollstuhlfahrern einen barrierefreien Zugang gestatten. Falls du eine Reise über ein Reisbüro buchst, solltest du nach der *Disabled Persons Railcard* [dis'eibld 'pö:snz 'reilkɑ:d] fragen, mit der es Ermäßigungen für Zugfahrten gibt. Auf https://www.disabilityrightsuk.org findest du (in englischer Sprache) zahlreiches Informationsmaterial für Menschen mit Einschränkungen.

ÜBERNACHTEN

Eine gute Kommunikation ist das Wichtigste, um Missverständnisse zu vermeiden. Damit du dich auch im Urlaub wie zu Hause fühlen kannst, findest du hier die wichtigsten Wörter und Phrasen für deine Reservierung und das Übernachten in Hotel, Jugendherberge, Ferienwohnung oder auf dem Campingplatz.

UNTERKÜNFTE

Hotel	hotel [həu'tel]
3-Sterne-Hotel	3-star hotel ['θri: stɑ: həu'tel]
Aparthotel	aparthotel [ə'pɑ:t həu'tel]
Bio-Hotel	organic hotel [ɔ:'gänik həu'tel]
Businesshotel	business hotel ['biznis həu'tel]
Designhotel	designer hotel [di'zainə həu'tel]
Luxushotel	luxury hotel ['lakschəri həu'tel]
Wellnesshotel	spa hotel ['spɑ: həu'tel]
Bauernhof	farm [fɑ:m]
Baumhaus	tree house [tri: haus]
Bed & Breakfast	bed & breakfast [bedn 'brekfəst]
Campingplatz	campsite ['kämpsait]
Caravan-Stellplatz	caravan park ['kärəvän pɑ:k]

Ferienwohnung/Ferienhaus	holiday apartment/holiday home ['hɔlidei ə'pɑːtmənt/'hɔlidei həum]
Hausboot	houseboat ['hausbəut]
Hostel/Jugendherberge	hostel/youth hostel ['hɔstl/juːθ 'hɔstl]
Hütte	hut [hat]

IM HOTEL

VORAB BUCHEN

Doppelzimmer/Dreibett-zimmer	double room/three-bed room ['dabl ruːm/θri bed ruːm]
getrennte Betten	separate beds ['seprit bedz]
Einzelzimmer	single room ['singl ruːm]
Bett	bed [bed]
Kinderbett	cot [kɔt]
3 Personen	3 people [θriː 'piːpl]
2 Erwachsene, 1 Kind	2 adults, 1 child [tuː 'ädalts wan tschaild]
Das Kind ist … Jahre alt. ▸ siehe S. 16 *Zahlen*	The child is … years old. [ðə tschaild iz ... jiəz əuld]
Die Kinder sind … und … Jahre alt.	The children are … and … years old. [ðə 'tschildrən ɑː ... ənd ... jiəz əuld]
Klimaanlage	air con/air conditioning [eə kɔn/eə kən'dischning]
Ventilator	fan [fän]
Heizung	heating ['hiːting]

Aufzug	lift [lift]
Ich möchte vom 10. bis 15. August ein Zimmer mit Bad für 2 Personen reservieren.	I would like to reserve an en suite room for two people from 10th to 15th August. [ai wud laik tu ri'zö:v ən en swi:t ru:m fɔ: tu: 'pi:pl frəm tenθ tu fif'ti:nθ 'ɔ:gəst]
mit/ohne Frühstück ▸ siehe S. 74 *Frühstück*	with/without … breakfast [wið/wi'ðaut 'brekfəst]
mit Halbpension	… half board [ha:f bɔ:d]
mit Vollpension	… full board [ful bɔ:d]
Ist das Frühstück im Preis inbegriffen?	Is breakfast included? [iz 'brekfəst in'klu:did]
Ich bitte um schriftliche Bestätigung meiner Reservierung.	Please could you confirm my reservation in writing? [pli:z kəd ju kən'fö:m mai rezə'veischn in 'raiting]
Sind Hunde erlaubt?	Are dogs allowed? [a: dɔgz ə'laud]
Ab wann kann ich einchecken?	When can I check in? [wen kən ai tschek 'in]
Bis wann muss ich auschecken?	When do I need to check out by? [wen du ai ni:d tu tschek aut bai]
Muss ich etwas anzahlen?	Do I need to pay a deposit? [du ai ni:d tu pei ə di'pɔzit]

VOR ORT BUCHEN

Haben Sie noch ein freies Zimmer?	Do you have a room free? [du ju həv ə ru:m fri:]
Sind Sie ausgebucht?	Do you have any vacancies? [du ju həv eni 'veiknsiz]
Ist das Zimmer …?	Does the room …? [dəz ðə ru:m]
… zur Straße hin	… face the street [feis ðə stri:t]
… nach hinten raus	… face the back [feis ðə bäk]
… mit Blick auf …	… have a view [həv ə vju:]
… mit Meerblick	… have a sea view [həv ə si: vju:]
Was kostet das Doppelzimmer für zwei Personen?	How much is a double room for two people? [hau matsch iz ə 'dabl ru:m fɔ: tu: 'pi:pl]

STORNIERUNG

Stornierung	cancellation [känsl'eischn]
Bis wann kann ich kostenfrei stornieren?	When is the last date for free cancellation? [wen iz ðə la:st deit fɔ: fri: känsl'eischn]
Ich möchte meine Reservierung stornieren/ändern.	I would like to cancel/change my reservation. ['ai wud laik tu 'känsl/'tscheindʒ mai rezə'veischn]

DIE LAGE

zentrale Lage	central location ['sentrəl ləu'keischn]
ruhig	quiet ['kwaiət]
lebhaft	lively ['laivli]
abseits	off the beaten track [ɔf ðə 'bi:tn träk]
gute Anbindung	good connection [gud kə'nekschn]
Wie weit ist es bis …?	How far is it to …? [hau fɑ: iz it tu:]
… zum Strand	… the beach [ðə bi:tsch]
… zur Altstadt	… the old town [ði əuld taun]
… zum Spielplatz	… the playground [ðə 'pleigraund]
… zur nächsten Haltestelle	… the nearest bus stop [ðə 'niəist bas stɔp]
… zur nächsten U-Bahn	… the nearest underground station [ðə 'niəist 'andəgraund 'steischn]
… zum nächsten Taxistand	… the nearest taxi rank [ðə 'niəist 'täksi ränk]
… zum Hauptbahnhof	… the main railway station [ðə mein 'reilwei 'steischn]
… zum Flughafen	… the airport [ði 'eəpɔ:t]

AN DER REZEPTION

Abreise	departure [di'pɑ:tschə]
Ankunft	arrival [ə'raivl]
Auschecken	check-out ['tschek'aut]
Einchecken	check-in [tschek'in]
Rezeption	reception [ri'sepschn]
Ich habe eine Reservierung auf den Namen …	I have a reservation in the name of … [ai həv ə rezə'veischn in ðə neim əv]
Wie lautet das WLAN-Passwort?	What is the WiFi password? [wɔt iz ðə 'waifai 'pɑ:swö:d]
Wo ist der Speisesaal/Frühstücksraum?	Where is the dining room/breakfast room? [weə iz ðə 'daining ru:m/'brekfəst ru:m]
Von wann bis wann gibt es …?	When is … served? [wen iz ... sö:vd]
… Frühstück	… breakfast ['brekfəst]
… Mittagessen	… lunch [lantsch]
… Abendessen	… dinner ['dinə]
Ich hätte gern ein anderes Zimmer.	I would like a different room, please. [ai wud laik ə 'difərnt ru:m pli:z]
Haben Sie einen Stadtplan?	Do you have a map of the town? [du ju həv ə mäp əv ðə taun]
Können Sie mir ein Restaurant in der Nähe empfehlen?	Can you recommend a restaurant nearby, please? [kən ju rekə'mend ə 'restrɔnt 'niəbai pli:z]

Ist der Empfang rund um die Uhr besetzt?	Is the reception staffed 24 hours a day? [iz ðə ri'sepschn stɑ:ft 'twenti'fɔ: auəz ə dei]
Können Sie mir Veranstaltungstickets besorgen?	Can you organize event tickets for me, please? [kən ju 'ɔ:gnaiz i'vent 'tikits fɔ: mi: pli:z]
Bis wann muss ich auschecken?	When do I need to check out by? [wen du ai ni:d tu tschek aut bai]
Die Rechnung, bitte.	The bill, please. [ðə bil pli:z]
Kann ich mein Gepäck bis … Uhr hier abstellen/deponieren?	Can I leave my luggage here until … o'clock? [kən ai li:v mai 'lagidʒ hiə an'til … ə'klɔk]

► siehe S. 16 *Zahlen*

IM HOTEL

Babysittervermittlung	babysitting service ['beibisiting 'sö:vis]
Bar	bar [bɑ:]
Bügeleisen	iron ['aiən]
Garage/Tiefgarage	garage ['gärɑ:ʒ]
Fitnessraum	gym [dʒim]
Gepäckraum	luggage room ['lagidʒ ru:m]
Parkplatz/Stellplatz	parking space ['pɑ:king speis]
Pool	pool [pu:l]
Schlüssel	key [ki:]
Schlüsselübergabe	key handover [ki: 'händəuvə]
Shuttle Service vom/zum Flughafen	shuttle service to/from the airport ['schatl 'sö:vis tu:/frəm ði 'eəpɔ:t]
Spa/Sauna	spa/sauna [spɑ:/'saunə]
Verpflegung	board [bɔ:d]
Frühstück	breakfast ['brekfəst]
► siehe S. 74 *Frühstück*	
Frühstücksbuffet	breakfast buffet ['brekfəst ba'fäi]
Halbpension	full board [ful bɔ:d]
Vollpension	half board [hɑ:f bɔ:d]
all inclusive	all inclusive [ɔ:l in'klu:siv]
Wäscheservice	laundry service ['lɔ:ndri 'sö:vis]
(freies) WLAN	(free) WiFi [fri: 'waifai]
Zimmerreinigung	room cleaning [ru:m 'kli:ning]
Zimmerservice	room service [ru:m 'sö:vis]

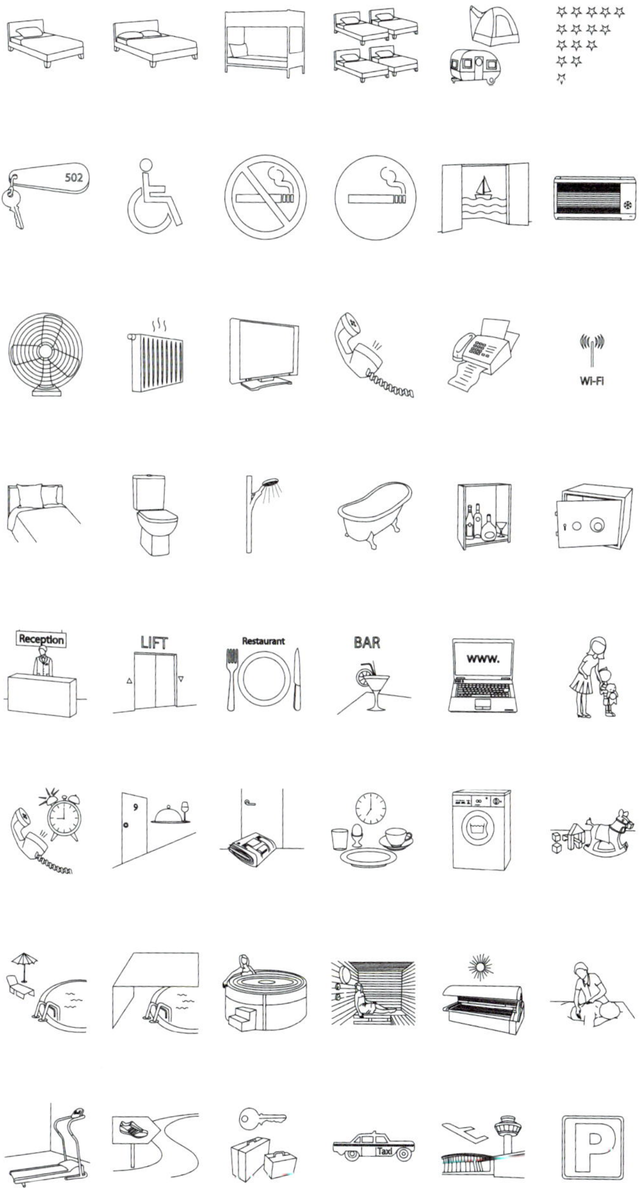
502
Wi-Fi
Reception
LIFT
Restaurant
BAR
www.
Taxi
P

IM ZIMMER

Adapter	adapter [ə'däptə]
antiallergische Bettwäsche	anti-allergy bedding ['änti'älədʒi 'beding]
Bademantel	bathrobe ['bɑ:θrəub]
Badewanne	bathtub [bɑ:θtab]
Bettbezug	bedding ['beding]
Bettdecke	duvet ['djüvei]
Bettlaken	bed sheet [bed schi:t]
Bettwäsche	bedding ['beding]
Bidet	bidet ['bi:dei]
(zusätzliche) Decke	(extra) blanket [('ekstrə) 'blänkit]
Dusche	shower ['schauə]
Duschgel	shower gel ['schauə dʒel]
Duschtuch	bath towel [bɑ:θ 'tauəl]
Fernbedienung	remote control [ri'məut kɔn'trəul]
Fernseher	television ['teliviʒn]
Fön	hairdryer ['heədraiə]
Glas	glass [glɑ:s]
Handtücher	hand towels [händ 'tauəlz]
Hausschuhe	slippers ['slipəz]
Heizung	heating ['hi:ting]
Kaffeemaschine	coffee machine ['kɔfi mə'schi:n]
Klimaanlage	air con [eə kɔn]
(zusätzliches) Kopfkissen	(extra) pillow [('ekstrə) 'piləu]
Kopfkissenbezug	pillow case ['piləu keis]
Mikrowelle	microwave ['maikrəweiv]
Minibar	mini-bar [mini bɑ:]
Mülleimer	(BE) rubbish bin ['rabisch bin] (AE) trash can [träsch kən]
Mülltüten	rubbish bags ['rabisch bägz]
Safe	safe [seif]
Seife	soap [səup]
Shampoo	shampoo [schäm'pu:]
Spannbetttuch	fitted sheet ['fitid schi:t]
Steckdosen	power socket ['pauə 'sɔkit]
Tasse	cup [kap]
Toilettenpapier	toilet paper ['tɔilət 'peipə]
Wasserkocher	tea-making facilities [ti:'meiking fə'silitiz]

IN DER FERIENWOHNUNG

FRAGEN ZUR WOHNUNG

Muss ich den Müll trennen?	Do I have to recycle the rubbish? [du ai həv tu ri:'saikl ðə 'rabisch]
Ist die Endreinigung inbegriffen?	Is the final cleaning included? [iz ðə 'fainl 'kli:ning in'klu:did]
Sind die Nebenkosten inbegriffen?	Are the incidental costs included? [ɑ: ði insi'dentl kɔsts in'klu:did]
Gibt es einen Fahrradkeller?	Is there a bicycle storage area? [iz ðeər ə 'baisikl 'stɔ:ridʒ 'eəriə]
Gibt es Parkmöglichkeiten?	Are there parking facilities? [ɑ: ðeə 'pɑ:king fə'silitiz]
Wo kann ich mein E-Bike aufladen?	Where can I charge my e-bike? [weə kən ai 'tschɑ:dʒ mai i:'baik]
Wo ist der nächste Supermarkt?	Where is the nearest supermarket? [weə iz ðə 'niəist 'su:pəmɑ:kit]
Sind Sie bei Fragen/im Notfall erreichbar?	Can we contact you if we have any questions/in case of an emergency? [kən wi: 'kɔntäkt ju if wi: həv eni 'kwestschənz in keis əv ən i'mö:dʒnsi]
Wie weit ist es bis zum Stadtzentrum?	How far is it to the town centre? [hau fɑ: iz it tu ðə taun 'sentə]

IM HAUS

Badezimmer	bathroom ['bɑ:θrum]
Balkon	balcony ['bälkəni]
Bett	bed [bed]
Bettwäsche	bedding ['beding]
Dusche/Badewanne	shower/bath ['schauə/bɑ:θ]
Etagenbett	bunk bed [bank bed]
Ferienhaus/Ferienwohnung	holiday home/holiday apartment ['hɔlidei həum/'hɔlidei ə'pɑ:tmənt]
Garten	garden ['gɑ:dn]
Gartenmöbel	garden furniture ['gɑ:dn 'fö:nitschə]
Handtücher	hand towels [händ 'tauəlz]
Kinderbett	cot [kɔt]
Küche	kitchen ['kitschn]
Parkplatz	parking space ['pɑ:king speis]
Schlafcouch	sofa bed ['səufə bed]
Schlafzimmer	bedroom ['bedrum]
Terrasse	terrace ['terəs]

plate
[pleit]

glasses
[ˈglɑ:siz]

cup and saucer
[kap ənd ˈsɔ:sə]

egg cup
[eg kap]

fork
[fɔ:k]

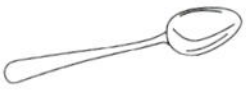
spoon
[spu:n]

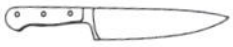
knife
[naiv]

teaspoon
[ˈti:spu:n]

wooden spoon
[ˈwudn spu:n]

spatula
[ˈspätjulə]

ladle
[ˈleidl]

whisk
[wisk]

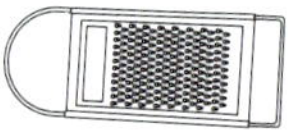
grater
[ˈgreitə]

chopping board
[ˈtschɔping bɔ:d]

colander
[ˈkɔlendə]

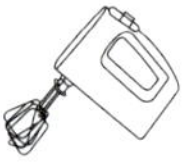
hand mixer
[händ ˈmiksə]

pot with a lid
[pɔt wið ə lid]

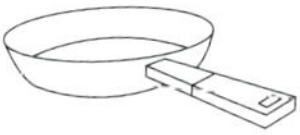
pan
[pän]

bowl
[bəul]

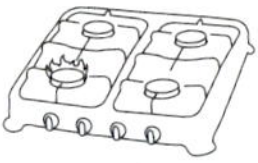
gas stove
[gäs ˈstəuvə]

oven
[avn]

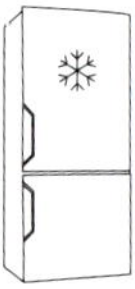
fridge
[fridʒ]

dishwasher
[ˈdischwɔschə]

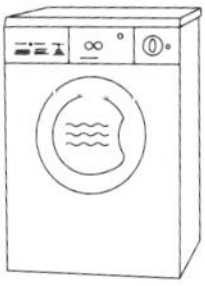
washing machine
[ˈwɔsching məˈschi:n]

kettle
[ketl]

coffee machine
[ˈkɔfi məˈschi:n]

coffee filter
[ˈkɔfi ˈfiltə]

toaster
[ˈtəustə]

vacuum cleaner
[ˈväkjum ˈkli:nə]

mop
[mɔp]

iron
[ˈaiən]

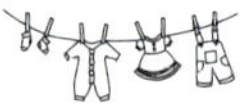
washing line
[ˈwɔsching lain]

broom
[bru:m]

dustpan
[dastpän]

cleaning materials
[ˈkli:ning məˈtiəriəlz]

bucket
[ˈbakit]

Toilette	toilet ['tɔilət]
Wohnzimmer	living room ['living ru:m]
Zimmer	room [ru:m]

IN JUGENDHERBERGE & HOSTEL

Jugendherberge	youth hostel [ju:θ 'hɔstl]
Schlafsaal/Mehrbettzimmer-Einbettzimmer	dormitory/multi-bed room ['dɔ:mitəri/malti bed ru:m]
Etagenbett	bunk bed [bank bed]
Familienzimmer	family room ['fämli ru:m]
Waschräume/Duschbereich	washroom/shower area ['wɔschrum/'schauə 'eəriə]
Kann ich Bettwäsche/Handtücher leihen?	Can I hire bedding/towels? [kən ai 'haiə 'beding 'tauəlz]
Was kostet das?	How much is it? [hau matsch iz it]
Jugendherbergsausweis Mitgliedschaft	youth hostel card [ju:θ 'hɔstl ka:d] membership ['membəschip]
Gibt es einen Schlafsaal nur für Frauen?	Is there a female-only dormitory? [iz ðeər ə 'fi:meil 'əunli 'dɔ:mitəri]
Gibt es Frühstück? Wann?	Is there breakfast? When? [iz ðeə 'brekfəst wen]
Gibt es eine Gemeinschaftsküche?	Is there a communal kitchen? [iz ðeər ə 'kɔmjunl 'kitschn]
Gibt es einen Gemeinschaftsraum?	Is there a common room? [iz ðeər ə 'kɔmən ru:m]
Gibt es ein Schließfach?	Is there a locker? [iz ðeər ə 'lɔkə]
Gibt es eine Steckdose neben dem Bett?	Is there a power socket next to the bed? [iz ðeər ə 'pauə 'sɔkit nekst tu ðə bed]

GRUND ZUM BESCHWEREN

Das Zimmer/die Wohnung ist nicht sauber.	The room/apartment is not clean. [ðə ru:m ə'pa:tmənt iz nɔt kli:n]
Die Unterkunft riecht muffig.	The accommodation smells musty. [ði əkɔmə'deischn smelz 'masti]
Das Bett ist nicht frisch bezogen.	The bed hasn't been freshly made. [ðə bed 'häznt bin 'freschli meid]
Die Toilette ist verstopft.	The toilet is blocked. [ðə 'tɔilət iz blɔkt]
Dic Toilettenspülung funktioniert nicht.	The toilet doesn't flush. [ðə 'tɔilət 'daznt flasch]

Das Wasser in der Dusche läuft nicht ab.	The water doesn't drain away after showering. [ðə 'wɔ:tə 'daznt drein ə'wei 'ɑ:ftə 'schauəring]
Wir brauchen noch mehr Toilettenpapier.	We need more toilet paper. [wi: ni:d mɔ: 'tɔilət 'peipə]
Wir brauchen noch mehr Handtücher.	We need more towels. [wi: ni:d mɔ: 'tauəlz]
Der Wasserhahn tropft/klemmt.	The tap is dripping/is stuck. [ðə täp iz 'driping/iz stak]
Es gibt kein warmes Wasser.	There's no warm/hot water. [ðeəz nəu wɔ:m/hɔt 'wɔ:tə]
Das Licht/die Klimaanlage funktioniert nicht.	The light/air conditioning doesn't work. [ðə lait/eə kən'dischning 'daznt wö:k]
Die Matratze ist …	The mattress is … [ðə 'mätrəs iz]
… ist stark verschmutzt.	… very dirty. [iz 'veri 'dö:ti]
… zu weich.	… too soft. [tu: sɔft]
… zu hart.	… too hard. [tu: hɑ:d]
… durchgelegen.	… worn out. [wɔ:n aut]
… fleckig.	… stained. [steind]
Das Fenster …	The window … [ðə 'windəu]
… schließt nicht.	… won't close. [wəunt kləus]
… lässt sich nicht öffnen.	… won't open. [wəunt 'əupn]
Wie öffnet/schließt man das Fenster?	How do you open/close the window? [hau du ju 'əupn kləus ðə 'windəu]
Es zieht.	There's a draft. ['ðeəz ə drɑ:ft]
Die Sicherung ist rausgeflogen.	A fuse has blown. [ə fju:z həz bləun]
Wie funktioniert …?	How does the … work? [hau dəz ðə ... 'wö:k]
… die Dusche	… shower ['schauə]
… die Toilettenspülung	… flush [flasch]
… der Fernseher	… television ['telivіʒn]
Ich möchte ein ruhigeres/größeres Zimmer.	I would like a quieter/bigger room. [ai wud laik ə 'kwaiətə 'bigə ru:m]
Schimmel	mould ['məuld]
Schmutz	dirt ['dö:t]
Ich möchte den (Hotel-) Manager sprechen.	I would like to speak to the (hotel) manager. [ai wud laik tu spi:k tu ðə (həu'tel) 'mänidʒə]
Ich möchte einen Diebstahl melden. ► siehe S. 154 *Hilfe!*	I would like to report a theft. [ai wud laik tu ri'pɔ:t ə θeft]

CAMPEN

AN DER REZEPTION

Haben Sie noch einen Stellplatz frei für …? — Do you have a free pitch for …? [du ju həv ə fri: pitsch fɔ:]
… ein Wohnmobil — … a camper van [ə 'kämpə vän]
… einen Caravan — … a caravan [ə 'kärəvän]
… einen Pkw mit Wohnwagen — … a car with a caravan [ə kɑ: wið ə 'kärəvän]
… einen Pkw mit Anhänger — … a car with a trailer ['ə 'kɑ: 'wið 'ə 'treilə]
… ein Zelt — … a tent ['ə 'tent]
Was kostet der Stellplatz mit drei Personen? — How much is a pitch for three people? [hau matsch iz ə pitsch fɔ: θri: 'pi:pl]
Darf ich ein zusätzliches Zelt/Vorzelt aufstellen? — Can I set up an extra tent/awning? [kən ai set ap ən 'ekstrə tent/'ɔ:ning]
Wo kann ich meinen Wassertank auffüllen? — Where can I fill up my water tank? [weə kən ai fil ap mai 'wɔ:tə tänk]
Wo kann ich Abwasser/Grauwasser entleeren? — Where can I dispose of waste water? [weə kən ai di'spəuz əv weist 'wɔ:tə]
Wo ist das nächste Geschäft für Campingbedarf? — Where is the nearest shop for camping supplies? [weə iz ðə 'niəist schɔp fɔ: 'kämping sə'plaiz]
Gibt es einen Supermarkt in der Nähe? — Is there a supermarket nearby? [iz ðeər ə 'su:pəmɑ:kit 'niəbai]
Kann ich hier/in der Nähe Wäsche waschen? — Can I do laundry here/nearby? [kən ai du 'lɔ:ndri hiə/'niəbai]
Können Sie mir beim Einparken helfen/mich einweisen? — Can you help me park up/guide me in? [kən ju help mi: pɑ:k ap/gaid mi: in]

INSIDER-TIPP
GUT ZU WISSEN

GEFÄHRLICHE TIERE

Campingplätze *(camping sites)* ['kämpɪng saits] gibt es in der Nähe aller größeren Städte. In den USA und Großbritannien gilt das Jedermannsrecht: Es ist erlaubt, wild zu zelten. Schilder wie *No trespassing!* [nəu 'trespəsing] oder *Trespassers will be prosecuted!* ['trespəsəz wil bi 'prɔsikju:tid] weisen jedoch auf ein Privatgelände hin, das nicht betreten werden sollte (*to trespass* = unbefugt betreten) [tə 'trespəs]. In Nationalparks oder ähnlichen Einrichtungen sollte man unbedingt auf Hinweise bezüglich Feuer (*No fires!* oder *No campfires!*), Müllentsorgung *(waste disposal)* [weist dis'pəuzl], gefährliche Tiere *(dangerous animals)* ['deindʒrəs 'änimalz] usw. achten.

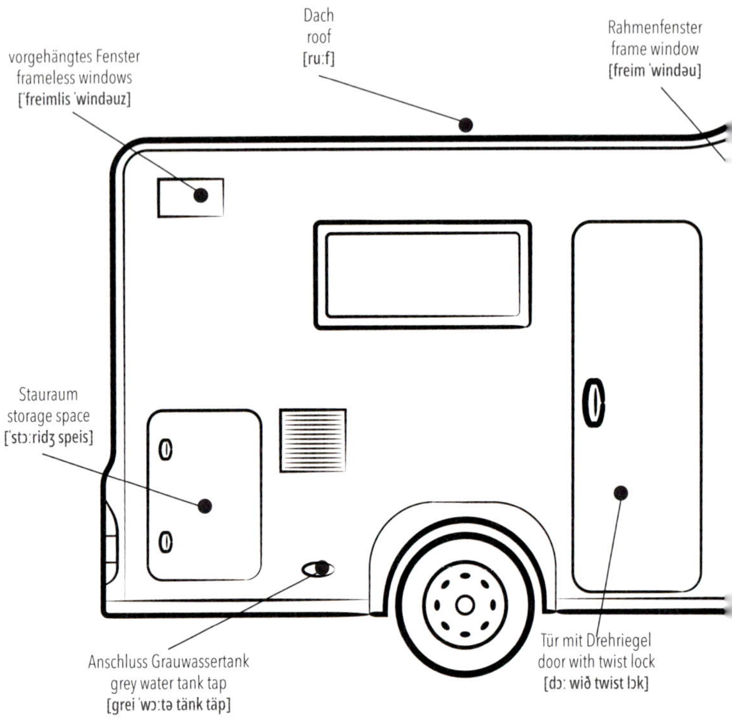

UTENSILIEN

Absperrventil	shut-off valve ['schatɔf välv]
Abwasserschlauch	wastewater pipe [weistwɔ:tə paip]
Auffahrkeile	levelling blocks ['levling blɔks]
Brennstoff	fuel ['fjuəl]
Campingkocher	camping stove ['kämping stəuv]
Campingstromadapter 110 oder 220 Volt	camping electricity adapter 110 or 220 volts ['kämping ilek'trisiti ə'däptə wan 'handrəd ten ɔ: tu: 'handrəd 'twenti vəults]
Campingtoilette	camping toilet ['kämping 'tɔilət]
Chemietoilette	chemical toilet ['kemikl 'tɔilət]
Humustoilette	humus toilet ['hju:məs 'tɔilət]
Komposttoilette	compost toilet ['kɔmpɔst 'tɔilət]
Trockentoilette	dry toilet ['drai 'tɔilət]
Duct-Tape	duct tape [dakt teip]
Gasflasche	gas cylinder [gäs 'silində]
Grauwasserentsorgung	wastewater disposal ['weistwɔ:tə di'spəuzl]
Gummihammer	rubber mallet ['rabə 'mälit]
Heringe	tent pegs [tent pegz]

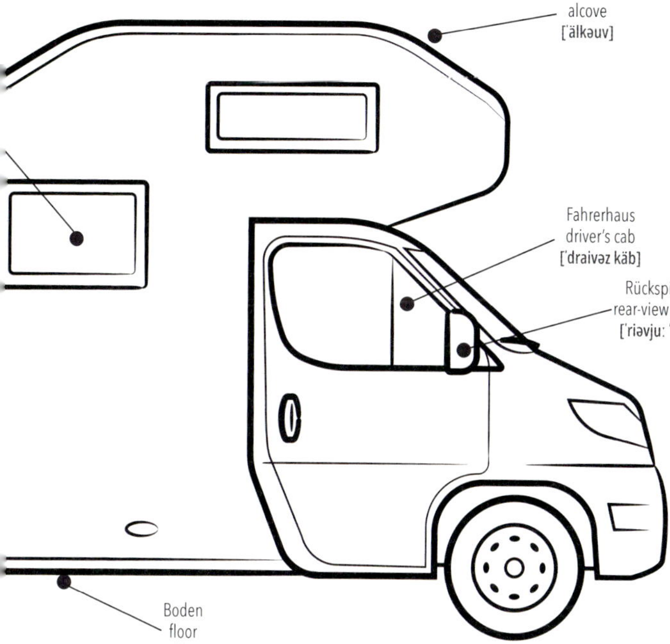

Isomatte	sleeping mat [ˈsli:ping mät]
Kühlbox	cool box [ku:l bɔks]
Markise	awning [ˈɔ:ning]
Powerbank	powerbank [ˈpauə bänk]
Schlafsack	sleeping bag [ˈsli:ping bäg]
Stirnlampe	head torch [hed tɔ:tsch]
Stromanschluss	electricity connection [ilekˈtrisiti kəˈnekschn]
Taschenlampe	(BE) torch [tɔ:tsch]; (AE) flashlight [ˈfläschlait]
Vorzelt	awning [ˈɔ:ning]
Wassertank	water tank [ˈwɔ:tə tänk]
Zelt	tent [tent]
Geodätzelt	geodesic tent [dʒi:əˈdesik tent]
Ein-Personen-Zelt	one-person tent [wan ˈpö:sn tent]
Kuppelzelt	dome tent [dəum tent]
Pyramidenzelt	pyramid tent [ˈpirəmid tent]
Tunnelzelt	tunnel tent [ˈtanl tent]
Wurfzelt	pop-up tent [ˈpɔpap tent]
Zeltunterlage	ground sheet [graund schi:t]

ESSEN & TRINKEN

Lust auf ein schönes Stück Rindfleisch, *medium* gebraten, dazu einen offenen Rotwein in einem Bistro? Oder lieber ein Drei-Gänge-Menü im Restaurant? Mit diesem Wortschatz kommst du kulinarisch voll auf deine Kosten und umschiffst im Restaurant alle Fettnäpfchen.

LOKAL FINDEN

WO FINDE ICH …?

Können Sie mir … empfehlen?	Please can you recommend …? [pli:z kən ju rekəˈmend]
… ein Restaurant …	… a restaurant [ə ˈrestrɔnt]
… ein Bistro …	… a cafe [ə ˈkäfei]
… einen Imbiss …	… a food truck [ə fu:d trak]
… ein Fast Food-Restaurant…	… a fast-food restaurant [ə fɑ:st fu:d ˈrestrɔnt]
… eine Bar …	… a bar [ə bɑ:]
… ein Café …	… a cafe [ə ˈkäfei]
… eine Kneipe …	… a pub [ˈə ˈpab]
… ein Selbstbedienungs-restaurant…	… a self-service restaurant [ə selfˈsö:vis ˈrestrɔnt]
… eine Teestube	… a tea room [ə ti: ru:m]

Dieses Kapitel steht zum kostenlosen Download für dich bereit

marcopolo.de/sprachfuehrer/sprachfuehrer-englisch

… ein Fisch-und-Chips-Restaurant	… a fish and chip shop [ə fisch ənd tschip schɔp]
… ein Curry-Haus	… a curry house [ə 'kari haus]
… mit Terrasse/Außenbereich/Biergarten	… with outdoor dining/a beer garden [wið 'autdɔː 'daining/ə biə 'gɑːdn]
ruhig	quiet [kwaiət]
romantisch	romantic [rəu'mäntik]
zentral	central ['sentrəl]
vegetarisch	vegetarian [vedʒi'teəriən]
vegan	vegan ['viːgən]
kinderfreundlich	child friendly [tschaild 'frendli]
familienfreundlich	family friendly ['fämli 'frendli]
Haben Sie einen Geheimtipp?	Do you have an insider's tip? [du ju həv ən in'saidəz tip]

ESSEN WIE GOTT IN GROSSBRITANNIEN

Wo bekomme ich … Gerichte?	Where can I get … food? [weə kən ai get ... fuːd]
… landestypische …	… typical English ['tipikl 'inglisch]
… regionale …	… regional ['riːdʒnl]
… preiswerte …	… affordable [ə'fɔːdəbl]
… untouristische …	… non-touristy [nan 'tuəristi]
… authentische …	… authentic [ɔː'θentik]

... chinesische, indische, italienische, Thai-	... Chinese, Indian, Italian, Thai [tschai'ni:z/'indiən/i'täljən/tai]
... vegetarische	... vegetarian [vedʒi'teəriən]
... vegane	...vegan ['vi:gən]
Wo finde ich ein Restaurant mit Spitzenküche?	Where can I find a Michelin-starred restaurant? [weə kən ai faind ə misch'la sta:d 'restrɔnt]

RESERVIEREN

Ich möchte gern einen Tisch für zwei Personen reservieren.	I would like to reserve a table for two people. [ai wud laik tu ri'zö:v ə teibl fɔ: tu: 'pi:pl]
Für ... um 20.00 Uhr ► siehe S. 16 *Zahlen*	For ... at eight pm ['fɔ: ... ət eit piäm]
... heute ...	... today [tə'dei]
... morgen ...	... tomorrow [tə'mɔrəu]
... Mittwoch ... ► siehe S. 21 *Wochentage*	... Wednesday ['wenzdei]
... den elften...	... the eleventh [ði i'levnθ]
Auf den Namen ...	In the name of ... ['in ðə 'neim 'əv]

INSIDER-TIPP

GUT ZU WISSEN

WAIT TO BE SEATED

In Restaurants ist es üblich, abzuwarten, bis einen der Chefkellner zum Tisch bringt. Dies gilt nicht für Snackbars (snack bars [snäk ba:z] = GB, diners ['dainəz] = US) und Imbissbuden.

Ich habe eine Reservierung für 20.00 Uhr.	I have a reservation for 8 pm. [ai həv ə rezə'veischn fɔ: eit piäm]
Leider verspäten wir uns um 15 Minuten.	Unfortunately, we're going to be about 15 minutes late. [an'fɔ:tschnətli wiə 'gəuing tu bi: ə'baut fif'ti:n 'minits leit]
Ich muss meine Reservierung leider absagen.	Unfortunately, I have to cancel my reservation. [an'fɔ:tschnətli ai həv tu känsl mai rezə'veischn]

IM LOKAL ANGEKOMMEN

Ich habe reserviert auf den Namen	I have a reservation in the name of ... [ai həv ə rezə'veischn in ðə neim əv]
Wir hätten gern einen Tisch für drei Personen.	We would like a table for three people. [wi: wud laik ə teibl fɔ: θri: 'pi:pl]
Ich habe keine Reservierung.	I don't have a reservation. [ai dəunt həv ə rezə'veischn]
Bitte einen Tisch am Fenster.	Please can we have a table by the window? [pli:z kən wi: həv ə teibl bai ðə 'windəu]
Wir hätten gern einen ruhigen Tisch.	We would like a quiet table. [wi: wud laik ə 'kwaiət teibl]
Wir würden gern draußen sitzen.	We would like to sit outside. [wi: wud laik tu sit 'autsaid]
Ist auf der Terrasse noch was frei?	Are there any tables free outside? [ɑ: ðeər 'eni teiblz fri: 'autsaid]
Ist dieser Tisch frei?	Is this table free? [iz ðis teibl fri:]
Ist dieser Stuhl noch frei?	Is this chair being used? [iz ðis tscheə bi:ing ju:zd]
Wie lange müssen wir voraussichtlich warten?	Roughly how long will we have to wait? ['rafli hau lɔng wil wi: həv tu weit]
Haben Sie einen Kinderstuhl?	Do you have a highchair? [du ju həv ə 'haitscheə]
Können wir (schon/noch) etwas zu essen bekommen?	Can we (still) order something to eat? [kən wi: (stil) 'ɔ:də 'samθing tu i:t]

AM TISCH

Guten Appetit!	Enjoy! [in'dʒɔi]
Prost!	Cheers! [tschiəz]
Wie schmeckt es dir?	Do you like it? [du ju laik it]
Das ist sehr lecker.	It's really tasty. [its 'riəli 'teisti]
Mein Essen ist nicht so gut.	My food isn't so good. [mai fu:d iznt səu gud]

Dein Essen sieht sehr lecker aus.	Your food looks delicious. [jɔ: fu:d luks di'lischə]
Wollen wir die Rechnung einfach teilen?	Shall we split the bill? [schəl wi: split ðə bil]
Das geht auf mich.	I'll get this. [ail get ðis]
Ihr seid eingeladen.	This is on me. [ðis iz ɔn mi:]
Danke für die Einladung.	Thank you for the invitation. [θänk ju fɔ: ði invi'teischn]

BESTELLEN

Kellner:in/Bedienung	waiter/waitress/server ['weitə/'weitrəs/'sö:və]
Entschuldigung!	Excuse me, please! [iks'kju:s mi pli:z]
Die …, bitte.	The …, please. [ðə ... pli:z]
Speisekarte	… menu ['menju]
Getränkekarte	… drinks menu [drinks 'menju]
Weinkarte	… wine list [wain list]

INSIDER-TIPP
GUT ZU WISSEN

ENJOY YOUR MEAL

In Großbritannien und den USA gibt es keine Entsprechung zu unserem „Guten Appetit". Gelegentlich hört man *Enjoy your meal* [in'dʒɔi jɔ mil], aber normalerweise sagt man gar nichts.

Haben Sie ...?	Do you have ...? [du ju həv]
... ein Mittagsmenü	... a lunch menu [ə lantsch 'menju]
... eine Tageskarte	... daily specials ['deili 'speschlz]
Wir möchten nur etwas trinken.	We just want a drink. [wi: dʒast wɔnt ə drink]
Können wir bitte bestellen?	Please can we order? [pli:z kən wi: 'ɔ:də]
Wir brauchen noch einen Moment.	We need a bit more time. [wi: ni:d ə bit mɔ: taim]
Können Sie uns etwas empfehlen?	Is there anything you can recommend? [iz ðeər 'eniθing ju kən rekə'mend]
Welches Gericht ist am beliebtesten?	What is the most popular dish? [wɔt iz ðə məust 'pɔpjulə disch]
Ist das Gericht ...?	Is the dish ...? [iz ðə disch]
... vegetarisch	... vegetarian [vedʒi'teəriən]
... vegan	... vegan ['vi:gən]
... glutenfrei	... gluten free ['glu:tn fri:]
... laktosefrei	... lactose free ['läktəus fri:]
Ich hätte gern ...	I would like ... [ai wud laik]
Wir teilen uns eine Portion.	We're going to share. [wiə 'gəuing tu scheə]
Können wir bitte noch ... bekommen?	Please could we have ...? [pli:z kəd wi: həv]
... ein Besteck	... more cutlery [mɔ: 'katləri]
... eine Gabel	... a fork [ə fɔ:k]
... einen Esslöffel	... a spoon [ə spu:n]
... einen Teelöffel	... a teaspoon [ə 'ti:spu:n]
... ein Messer	... a knife [ə naif]
... einmal Stäbchen	... chopsticks ['tschɔpstiks]
... einen Teller	... a plate [ə pleit]
Kann ich statt ... etwas anderes haben?	Can I have something else instead of ...? [kən ai həv 'samθing els in'sted əv]
Haben Sie auch Kinderteller?	Do you have children's portions? [du ju həv 'tschildrənz pɔ:schnz]
Ein Glas ...	A glass of ... [ə glɑ:s əv]
Eine Flasche ...	A bottle of ... [ə bɔtl əv]
Einen Extrateller, bitte.	Can we have an extra plate, please? [kən wi: həv ən 'ekstrə pleit pli:z]
Entschuldigung, kann ich meine Bestellung noch ändern?	Excuse me please, could I change my order? [ik'skju:s mi: pli:z kəd ai tscheindʒ mai 'ɔ:də]
Ich möchte doch lieber ... statt ...	I would like ... instead of ... [ai wud laik ... in'sted əv]
Können wir die Karte bitte noch einmal bekommen?	Please could we see the menu again? [pli:z kəd wi: si: ðə 'menju ə'gen]

Eine Serviette, bitte.	Can I have a napkin, please? [kən ai həv ə ˈnäpkin pli:z]
Können Sie mir bitte Pfeffer und Salz bringen?	Can we have pepper and salt, please? [kən wi: həv ˈpepə ənd sɔlt pli:z]
Kann ich bitte noch etwas Brot haben?	Can I have some more bread, please? [kən ai həv səm mɔ: bred pli:z]
Noch ein Glas/eine Flasche/eine Portion …, bitte.	Can I have another glass/another bottle/another portion of …, please? [kən ai həv əˈnaðə glɑ:s/əˈnaðə bɔtl/əˈnaðə ˈpɔ:schn əv ... pli:z]

WEITERE (KULINARISCHE) THEMEN

Wo sind die Toiletten?	Where are the toilets? [weə ɑ: ðə ˈtɔiləts]
Wo ist die Garderobe?	Where can I hang my coat? [weə kən ai häng mai kəut]
Wo kann man rauchen?	Where can I go to smoke? [weə kən ai gəu tu sməuk]
Das war köstlich.	That was delicious! [ðət wəz diˈlischəs]
Wie lange gibt es das Lokal schon?	How long has this restaurant been open? [hau lɔng həz ðis ˈrestrɔnt bi:n ˈəupn]
Ist das authentische Küche?	Is this authentic cuisine? [iz ðis ɔ:ˈθentik kwiˈzi:n]

HANDY

Haben Sie hier freies WLAN?	Do you have free WiFi? [du ju həv fri: ˈwaifai]
Wie lautet das Passwort?	What is the WiFi password? [wɔt iz ðə ˈwaifai ˈpɑ:swö:d]
Kann ich mein Handy hier aufladen?	Can I charge my phone here? [kən ai tschɑ:dʒ mai fəun hiə]

ZUBEREITUNGSARTEN

frittiert	deep-fried [di:p fraid]
gebraten	fried [fraid]
gedünstet	steamed [sti:md]
gegrillt/vom Grill	grilled [grild]
gut durchgebraten/medium/blutig	well-done/medium/rare [wel dan/ˈmi:diəm/reə]
im Ofen gebacken	oven-baked [ˈavnbeikt]
knusprig/kross	crispy [ˈkrispi]
mit Haut	with skin [wið skin]

mit Knochen	on the bone [ɔn ðə bəun]
sauer	sour ['sauə]
scharf	spicy ['spaisi]
süß	sweet ['swi:t]
warm/kalt serviert	served warm/cold [sö:vd wɔ:m/kəuld]

ERNÄHUNGSFORMEN

Ich bin …	I am … [ai əm]
… Vegetarier:in.	… vegetarian [vedʒi'teəriən]
… Veganer:in.	… vegan ['vi:gən]
… Diabetiker:in.	… diabetic [daiə'betik]

ALLERGIEN

Ich bin gegen … allergisch.	I am allergic to … [ai əm ə'lö:dʒik tu]
… Nüsse	… nuts ['nats]
… Soja	… soya ['sɔiə]
… Meeresfrüchte	… seafood ['si:fu:d]
Ich habe eine Glutenunverträglichkeit/Laktoseunverträglichkeit.	I am gluten/lactose intolerant. [ai əm 'glu:tn/'läktəus in'tɔlərnt]

REKLAMIEREN

Das Essen ist nicht warm.	The food is not hot enough. [ðə fu:d iz nɔt hɔt i'naf]
Können Sie das bitte nochmal aufwärmen?	Please could you warm it up again? [pli:z kəd ju wɔ:m it ap ə'gen]
Das Fleisch ist nicht durch.	The meat is not fully cooked. [ðə mi:t iz nɔt 'fuli kukt]
Das Fleisch ist zäh.	The meat is tough. [ðə mi:t iz taf]
Die Suppe ist versalzen.	The soup is too salty. [ðə su:p iz tu: 'sɔlti]
Das Besteck ist schmutzig.	The cutlery is dirty. [ðə 'katləri iz 'dö:ti]
Das haben wir nicht bestellt.	We didn't order that. [wi: didnt 'ɔ:də 'ðät]
Haben Sie meine Bestellung vergessen?	Have you forgotten my order? [həv ju fə'gɔtn mai 'ɔ:də]
Wann kommt unser Essen?	When will our food be coming? [wen wil 'auə fu:d bi: 'kaming]
Wir haben schon vor einer halben Stunde bestellt.	We ordered over half an hour ago. [wi: 'ɔ:dəd 'əuvə ha:f ən 'auə ə'gəu]
In der Suppe schwimmt ein Haar!	There's a hair in my soup! [ðeəz ə heə in mai su:p]

BEDANKEN

Vielen Dank, es war sehr lecker. — Thank you very much; it was delicious. [θänk ju ˈveri matsch it wəz diˈlischəs]

Wir sind sehr zufrieden. — It was very nice. [it wəz ˈveri nais]

Wir sind begeistert. — We are delighted. [wi: ɑ: diˈlaitid]

Richten Sie dem Koch/der Köchin aus, dass es sehr gut geschmeckt hat. — My compliments to the chef. [mai ˈkɔmplimənts tu ðə schef]

Vielen Dank für den netten Service. — Thank you for your friendly service. [θänk ju fɔ: jɔ: ˈfrendli ˈsö:vis]

Wir werden das Restaurant positiv bewerten. — We'll give the restaurant a good review. [wi:l giv ðə ˈrestrɔnt ə gud riˈvju:]

Wir werden wiederkommen. — We'll come again. [wi:l kam əˈgen]

Ich habe nicht alles geschafft. — I wasn't able to finish everything. [ai ˈwɔznt ˈeibl tu ˈfinisch ˈevriθing]

Können Sie die Reste für mich einpacken? — Can we have a box for the leftovers, please? ˈkən wi: həv ə bɔks fɔ: ðə ˈleftəuvəz pli:z]

INSIDER-TIPP

GUT ZU WISSEN

TIP

Denken Sie daran, dass besonders in den USA die Gehälter der Bedienungen sehr niedrig sind. Es ist üblich, ein Trinkgeld von 15 bis 20 % zu geben, vorausgesetzt natürlich, dass Sie mit der Bedienung auch zufrieden waren.

TRINKGELD

Stimmt so.	Keep the change. [ki:p ðə tscheindʒ]
Bitte geben Sie mir auf 30 Pfund raus.	Call it 30 pounds. [kɔ:l it 'θö:ti paundz]
Kann ich das Trinkgeld auch mit Karte bezahlen?	Can I give you a tip using my card? [kən ai giv ju ə tip 'ju:zing mai kɑ:d]

RECHNUNG

Die Rechnung, bitte.	The bill, please. [ðə bil pli:z]
Wir möchten bezahlen.	We would like to pay. [wi: wud laik tu pei]
Wir möchten bitte getrennt/zusammen bezahlen.	We would like to pay separately/together. [wi: wud laik tu pei 'sepərətli/tə'geðə]
Ich zahle …	I'm paying for … [aim 'peiing fɔ:]
… die Pasta.	… the pasta. [ðə 'pästə]
… den Salat.	… the salad. [ðə 'säləd]
… die Getränke.	… the drinks. [ðə 'drinks]
Kann ich mit … bezahlen?	Can I pay by …? [kən ai pei bai]
… Karte	… card [kɑ:d]
… Debit-Karte	… debit card ['debit kɑ:d]
… Kreditkarte	… credit card ['kredit kɑ:d]
… PayPal	… PayPal ['peipäl]
… Bitcoin	… Bitcoin [bitkɔin]
Ich habe kein/nicht genug Bargeld dabei.	I don't have any/enough cash with me. [ai dəunt həv 'eni i'naf käsch wið mi:]
Gibt es einen Bankautomaten in der Nähe?	Is there a cash machine nearby? [iz ðeər ə käsch mə'schi:n 'niəbai]
Kann ich bitte eine Bewirtungsquittung bekommen?	Please can I have a receipt? [pli:z kən ai həv ə ri'si:t]

BESCHWERDEN

Entschuldigung, hier stimmt etwas nicht.	Excuse me, something's not quite right here. [ik'skju:s mi: 'samθingz nɔt kwait rait hiə]
Das hatten wir nicht.	We didn't have that. [wi: 'didnt həv ðət]
In der Karte stand ein anderer Preis.	There was a different price on the menu. [ðeə wəz ə 'difərnt prais ɔn ðə 'menju]
Ich hatte die kleine/halbe Portion.	I had the small/a half portion. [ai həd ðə smɔ:l/ə hɑ:f pɔ:schn]
Hier ist … zu viel.	There's an extra … [ðeəz ən 'ekstrə]
… eine Suppe	… soup [su:p]
… ein Wasser	… water ['wɔ:tə]
… ein Salat	… salad ['säləd]

Da fehlt noch …	There's … missing. [ðeəz … 'mising]
… der Espresso.	… an espresso [ən e'spresəu]
… das Wasser.	… a water [ə 'wɔ:tə]
… ein Schnaps.	… a schnaps [ə schnäps]
… eine Cola.	… a Coke [ə kəuk]

RUBRIKEN AUF DER SPEISEKARTE

Vorspeisen	starters ['stɑ:təz]
Salate	salads ['sälədz]
Suppen	soups ['su:ps]
Hauptgerichte	main courses [mein 'kɔ:siz]
Frühstück	breakfast ['brekfəst]
Dessert/Nachspeisen	desserts [di'zö:ts]
Kinderteller/Für die Kleinen	children's menu/for our younger guests ['tschildrənz 'menju/fɔ: auə 'janggə gests]
Tagesgericht	special of the day [speschl əv ðə dei]
Menü	set menu [set 'menju]
3-Gänge-Menü	3-course meal [θri: kɔ:s mi:l]
Mittagsmenü	set lunch/lunch menu [set lantsch/lantsch 'menju]
à la carte	à la carte [alɑ kɑ:t]
Abendkarte	dinner menu ['dinə 'menju]
Fisch	fish [fisch]
Meeresfrüchte	seafood ['si:fu:d]
Fleisch	meat [mi:t]
Vegetarisches	vegetarian [vedʒi'teəriən]
Veganes	vegan ['vi:gən]
Beilagen	sides ['saidz]
Gemüse	vegetables ['vedʒtəblz]
Geflügel	poultry [pəultri]
Brot	bread [bred]
Bio	organic [ɔ:'gänik]
Getränke	drinks [drinks]
heiße Getränke	hot drinks [hɔt drinks]
kalte Getränke	cold drinks [kəuld drinks]
Alkohol	alcohol ['älkəhɔl]
Cocktails	cocktails ['kɔkteilz]
Eisbecher	ice cream sundae [ais kri:m 'sandei]

SPEISEKARTE

Starters

PRAWN COCKTAIL
Krabbencocktail

CHICKEN WINGS
Hähnchenflügel

GARLIC BREAD
Knoblauchbrot

Soups

TOMATO SOUP
Tomatensuppe

LEEK AND POTATO SOUP
Kartoffel-Lauch-Suppe

BACON AND LENTIL SOUP
Linsensuppe mit Speck

Meat

STEAK
Steak

CHICKEN KORMA
mildes Hähnchencurry

GAMMON & PINEAPPLE
Kassler mit Ananas

Fish

COD & CHIPS
Kabeljau & Pommes

SALMON FISHCAKES
Lachsfrikadelle

SCAMPI
Kaisergranat

Dessert

ICE CREAM SUNDAE
Eisbecher

APPLE CRUMBLE
Apfelauflauf mit Streusel

CHOCOLATE FUDGE CAKE
sehr schokoladiger Biskuitkuchen

Drinks

COKE
Cola

SQUASH
alkoholfreies Fruchtgetränk
mit Sirupkonzentrat

CIDER
Apfelschaumwein

ZUSATZSTOFFE

mit Konservierungsstoffen	with preservatives [wið pri'zö:vətivz]
mit Farbstoffen	with colourants [wið 'kalərənts]
mit Süßungsmitteln	with sweeteners [wið 'swi:tnəz]
mit Geschmacksverstärkern	with flavour enhancers [wið 'fleivə in'ha:nsəz]
koffeinhaltig	contains caffeine [kən'teinz 'käfi:n]
chininhaltig	contains quinine [kən'teinz 'kwini:n]
geschwefelt	sulphurated ['salfjureitid]

FRÜHSTÜCK

Aufschnitt	cold cuts [kəuld kats]
Baked Beans	baked beans [beikt bi:nz]
Blutwurst	black pudding [bläk 'puding]
Brötchen	bread rolls [bred rəulz]
Butter	butter [batə]
Chamignons, gebratene	fried mushrooms [fraid 'maschru:mz]
Ei	egg ['eg]
hart gekocht	hard boiled [ha:d bɔild]
weich gekocht	soft boiled [sɔft bɔild]
pochiert	poached [pəutscht]
Omelett	omelette ['ɔmlət]
Rührei	scrambled [skrämbld]
Spiegelei	fried ['fraid]
frisch gepresster Orangensaft	freshly squeezed orange juice ['freschli skwi:zd 'ɔrindʒ dʒu:s]
Frischkäse	cream cheese [kri:m tschi:z]
Frühstückscerealien	breakfast cereal ['brekfəst 'siəriəl]
Haferbrei	porridge ['pɔridʒ]
Honig	honey ['hani]
Joghurt	yoghurt ['jɔgət]
Fruchtjoghurt	fruit yoghurt [fru:t 'jɔgət]
Naturjoghurt	natural yoghurt ['nätschərəl 'jɔgət]
Kaffee	coffee ['kɔfi]
Kartoffelpuffer	hash browns [häsch braunz]
Konfitüre	jam [dʒäm]
Margarine	margarine [ma:dʒə'ri:n]
Marmelade	marmalade ['ma:məleid]
Milch	milk [milk]
Milchprodukte	dairy products ['deəri 'prɔdakts]
Müsli	muesli ['mju:zli]
Obst	fruit [fru:t]

bread/toast
[bred/təust]

brown rye bread
[braun rai bred]

wholemeal bread
['həulmi:l bred]

baguette
[bäg'et]

bagel
['beigl]

pretzel
['pretsl]

croissant
[kwoasɔñ]

crispbread
['krispbred]

flat bread/naan bread
[flät bred/nän bred]

roll
[rəul]

wholemeal roll
['həulmi:l rəul]

pumpernickel (black bread)
['pampənikl (bläk bred)]

waffle
[wɔfl]

doughnut
['dəunat]

Danish pastry
['deinisch 'peistri]

cake
[keik]

rice cakes
[rais keiks]

muesli
['mju:zli]

cereal
['siəriəl]

yoghurt
['jɔgət]

butter
['batə]

egg
[eg]

cheese
[tschi:z]

milk
[milk]

blue cheese
[blu: tschi:z]

camembert
['käməmbeə]

cream cheese
[kri:m tschi:z]

cream cheese with herbs
[kri:m tschi:z wið hö:bz]

individually wrapped cheese
[indi'vidjuəli räpt tschi:z]

parmesan cheese
[pa:mi'zän tschi:z]

sheep's cheese
[schi:ps tschi:z]

Saft	juice [dʒu:s]
Sandwichbrot	(sliced) bread [(slaist) bräd]
Schinken	ham [häm]
Schnittkäse	sliced cheese [slaist tschi:z]
Speck	bacon ['beikn]
Tee	tea [ti:]
Toast	toast [təust]
Tomaten, gebratene	fried tomatoes [fraid tə'ma:təuz]
Vollkornbrot	wholemeal bread ['həulmi:l bred]
Weichkäse	soft cheese [sɔft tschi:z]
Würstchen	sausages ['sɔsidʒiz]

OBST (SIEHE AUCH RECHTS)

WEITERE OBSTSORTEN

Cranberrys	cranberries ['kränbəriz]
Kaki	persimmon [pə'simən]
Maracuja	passion fruit ['päschn fru:t]
Rhabarber	rhubarb ['ru:ba:b]
Sauerkirschen	sour cherries ['sauə 'tscheriz]
Stachelbeeren	gooseberries ['gu:zbriz]

AUF DEM MARKT

Wochenmarkt	weekly market ['wi:kli 'ma:kit]
Blumenmarkt	flower market ['flauə 'ma:kit]
Stand	stand [ständ]
Kilo	kilo ['ki:ləu]
Gramm	gram [gräm]
Packung	packet ['päkit]
Papiertüte	paper bag ['peipə bäg]
Plastiktüte	plastic bag ['plästik bäg]

Wo ist der Wochenmarkt?	Where is the market? [weə iz ðə 'ma:kit]
An welchen Tagen findet der Wochenmarkt statt?	What days are market days? [wɔt deiz a: 'ma:kit deiz]
Sind die Pflaumen süß?	Are the plums sweet? [a: ðə plamz swi:t]
Was kostet ein Kilo …?	How much is a kilo of …? [hau matsch iz ə 'ki:ləu əv]
Was kosten 500 g …?	How much is 500 g of …? [hau matsch iz faiv 'handrəd grämz əv]

apricots
['eiprikɔts]

bananas
[bə'nɑ:nəz]

pineapple
['painäpl]

mango
['mäng‿gəu]

strawberry
['strɔ:bəri]

peach
[pi:tsch]

kiwi fruit
['ki:wi: fru:t]

grapes
[greips]

apple
[äpl]

pears
[peəz]

blueberries
['blu:bəriz]

cherries
['tscheriz]

redcurrants
[red 'karnts]

oranges
['ɔrindʒiz]

lemon
['lemən]

lime
[laim]

papaya
[pə'paiə]

watermelon
['wɔ:təmelən]

honeydew melon
['hanidju: melən]

grapefruit
['greipfru:t]

pomegranate
['pɔmigränit]

plums
[plams]

yellow plums
['jeləu plamz]

figs
[figs]

lychees
['laitschi:s]

grapefruit
['greipfru:t]

coconut
['kəukənat]

chestnuts
['tschesnats]

dates
['deits]

blackberry
['bläkbəri]

raspberries
['rɑ:zbəriz]

nectarine
[näktə'rin]

Ich hätte gern 500 g …	I would like 500 g of … [ai wud laik faiv 'handrəd grämz əv]
Würden Sie mir bitte 3 Stück geben?	Please can I have three? [pli:z kən ai həv θri:]
Was kostet das?	How much is it? [hau matsch iz it]
Ich brauche eine Tüte.	Please can I have a bag? [pli:z kən ai həv ə bäg]

▶ siehe S. 18 *Maße & Gewichte*

GEMÜSE, KRÄUTER & GEWÜRZE (SIEHE AUCH RECHTS)

WEITERE GEMÜSESORTEN

Bohnen	beans [bi:nz]
dicke Bohnen	broad beans [brɔ:d bi:nz]
Kidneybohnen	kidney beans ['kidni bi:nz]
Chicorée	chicory ['tschikəri]
Erbsen	peas [pi:z]
Fenchel	fennel ['fenəl]
Knollensellerie	celeriac [sə'leriäk]
Mangold	chard [tschɑ:d]
Oliven	olives ['ɔlivz]
Pastinake	parsnip ['pɑ:snip]
Radieschen	radishes ['rädischiz]
Rosenkohl	Brussels sprouts ['braslz sprauts]
Rote Bete	beetroot ['bi:tru:t]
Rübe	swede [swi:d]
Süßkartoffeln	sweet potatoes [swi:t pə'teitəuz]

WEITERE KRÄUTER & GEWÜRZE

Basilikum	basil ['bäzl]
Bohnenkraut	savoury ['seivəri]
Chiliflocken	chilli flakes ['tschili fleiks]
Dill	dill [dil]
Estragon	tarragon ['tärəgən]
Kerbel	chervil ['tschö:vil]
Koriander	coriander [kɔri'ändə]
Kümmel	caraway seeds ['kärəwei si:dz]
Kreuzkümmel	cumin ['kju:min]
Lorbeer	bay leaves [bei li:vz]
Majoran	marjoram ['mɑ:dʒərəm]
Muskatnuss	nutmeg ['natmeg]
Nelken	cloves [kləuvz]

lettuce
['lätəs]

beans
[bi:nz]

chillis
['tschiliz]

peppers
['pepəs]

tomatoes
[tə'ma:təuz]

cucumber
['kju:kambə]

cauliflower
['kɔliflauə]

broccoli
['brɔkəli]

artichoke
['a:titschəuk]

mushrooms
['maschru:mz]

BE aubergine
AE eggplant
['əubəʒi:n/'egpla:nt]

celery
['seləri]

potatoes
[pə'teitəuz]

onion
['anjən]

garlic
['ga:lik]

ginger
['dʒindʒə]

avocado
[ävə'ka:dəu]

carrots
['kärəts]

cabbage
['käbidʒ]

leek
[li:k]

asparagus
[əs'pärəgəs]

lentils
[lentlz]

pumpkin
['pampkin]

BE courgette/AE zucchini
[kɔ:'ʒet/zu'ki:ni]

peas
[pi:z]

chickpeas
['tschikpi:z]

spinach
['spinitsch]

sweetcorn
['swi:tkɔ:n]

sage
[seidʒ]

mint
[mint]

parsley
['pa:sli]

rosemary
['rəuzməri]

Oregano	oregano [ɔri'gɑ:nəu]
Paprikapulver	paprika ['päprikə]
Pfeffer	pepper ['pepə]
Safran	saffron ['säfrən]
Schnittlauch	chives [tschaivz]
Thymian	thyme [taim]
Zimt	cinnamon ['sinəmən]

PILZE

Austernpilze	oyster mushrooms ['ɔistə 'maschru:mz]
Champignons	button mushrooms ['batn 'maschru:mz]
Morcheln	morels [mɔ'relz]
Pfifferlinge	chanterelles [schäntə'relz]
Shiitake-Pilze	shiitake mushrooms [schi'ta:kei 'maschru:mz]
Steinpilze	porcini mushrooms [pɔ:'tschi:ni 'maschru:mz]
Stockschwämmchen	sheathed woodtuft [schi:ðd wud‿taft]

ALLES VEGAN!

Agavendicksaft	agave nectar [ə'geivi 'nektə]
Amarant	amaranth ['ämərӓnθ]
Bulgur	bulgur ['balgə]
Couscous	couscous ['ku:sku:s]
Erdnussbutter	peanut butter ['pi:nat 'batə]
Essig	vinegar ['vinigə]
Balsamico-Essig	balsamic vinegar [bɔ:l'sämik 'vinigə]
Malzessig	malt vinegar [mɔlt 'vinigə]
Weißweinessig	white wine vinegar [wait wain 'vinigə]
Gemüsebrühwürfel	vegetable stock cube ['vedʒtəbl stɔk kju:b]
Ketchup	ketchup ['ketschap]
Mandelmus	almond butter ['ɑ:mənd 'batə]
Margarine	margarine [mɑ:dʒə'ri:n]
Mehl	flour ['flauə]
Nudeln	pasta ['pästə]
Nüsse	nuts [nats]
Cashews	cashews ['käschu:z]
Erdnüsse	peanuts ['pi:nats]
Haselnüsse	hazelnuts ['heizlnats]
Macadamianüsse	macadamia nuts [mäkə'deimiə]
Paranüsse	Brazil nuts [brä'zil nats]

Pekannüsse	pecan nuts [pi:ˈkän ˈnats]
Walnüsse	walnuts [ˈwɔ:lnats]
Quinoa	quinoa [ˈki:nəuə]
Öl	oil [ɔil]
Olivenöl	olive oil [ˈɔliv ɔil]
Reis	rice [rais]
Salz	salt [sɔlt]
Seitan	seitan [seitä:n]
Senf	mustard [ˈmastəd]
Tempeh	tempeh [ˈtämpei]
Tofu	tofu [ˈtəufu:]
Räuchertofu	smoked tofu [ˈsməukt ˈtəufu:]
Vollkorn	wholemeal [ˈhəulmi:l]
Zucker	sugar [ˈschugə]

MILCHERSATZ

Cashew	cashew [ˈkäschu:]
Dinkel	spelt [spelt]
Hafer	oat [əut]
Kokos	coconut [ˈkəukənat]
Mandel	almond [ˈɑ:mənd]
Reis	rice [rais]
Soja	soya [ˈsɔiə]

peanuts
[ˈpi:nats]

cranberries
[ˈkränbəriz]

dried fruit
[draid fru:t]

trail mix
[treil miks]

INSIDER-TIPP

GUT ZU WISSEN

ENGLISCH ≠ ENGLISCH

Möchte man in Großbritannien ein blutiges Steak essen, sollte man sich der Skala *well done* [wäl dan] (gut durch), *medium* [ˈmi:diəm] (medium), *medium rare* [ˈmi:diəm reə] (halb blutig) bis *rare* [reə] (blutig) bedienen. Es ist eine absolute Ausnahme, dass ein Brite sein Steak blutig haben will, das heißt, die deutsche Bezeichnung „englisch" ist alles andere als *english* [ˈinglisch]!

FLEISCH

beef
[bi:f]

offal
[ɔfl]

female/male
[ˈfi:meil/meil]

veal
[vi:l]

pork
[pɔ:k]

lamb
[läm]

chicken
[ˈtschikin]

duck
[dak]

rabbit
[ˈräbit]

wild boar
[waild bɔ:]

joint of meat
[dʒɔint əv mi:t]

diced meat
[daist mi:t]

minced meat
[minst mi:t]

kebab
[kiˈbäb]

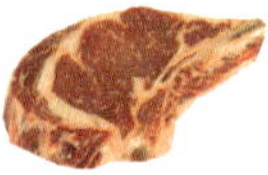

steak
[steik]

fillet/tenderloin
[ˈfilit/ˈtendlɔin]

chop/cutlet
[tschɔp/ˈkatlət]

roast beef
[rəust bi:f]

frankfurters/hot dog
sausages [ˈfränkfö:təz/hɔt
dɔg ˈsɔsidʒiz]

mortadella
[mɔ:təˈdelə]

salami
[səˈlɑ:mi]

cooked ham
[kukt häm]

smoked ham
[sməukt häm]

bacon
[beikn]

roast chicken
[rəust ˈtschikin]

leg of chicken
[leg əv ˈtschikin]

TYPISCHE FLEISCHGERICHTE

BEEF [bi:f]	**RIND**
geef Wellington [bi:f 'welingtn]	Rinderfilet im Teigmantel
steak and kidney pie [steik ənd 'kidni pai]	Rindfleisch-Nieren-Pastete
steak (well-done/medium/rare) [steik (wel dan/'mi:diəm/reə)]	Steak (gut durchgebraten/ medium/blutig)
PORK [pɔ:k]	**SCHWEIN**
sausage and mash ['sɔsidʒ ənd mäsch]	Bratwurst mit Kartoffelpüree
toad in the hole [təud in ðə həul]	Bratwürste in Eierteig überbacken
pork chops [pɔ:k tschɔps]	Schweinekoteletts
LAMB [läm]	**LAMM**
shepherd's pie ['schepədz pai]	Lammhack mit Kartoffelbreihaube
roast lamb & mint sauce [rəust läm ənd mint sɔ:s]	Lammbraten mit Minzsoße
Lancashire hotpot ['länkəschiə 'hɔtpɔt]	Eintopf mit Lammfleisch
rack of lamb [räk əv läm]	Lammkarree
POULTRY ['pəultri]	**GEFLÜGEL**
chicken tikka masala ['tschikin 'ti:kə mə'sɑ:lə]	Hähnchen in würziger Tomatensauce
crispy duck ['krispi dak]	Knusprige Ente
roast chicken and new potatoes [rəust 'tschikin änd nju pə'teitəuz]	Brathähnchen mit Frühkartoffeln
GAME [geim]	**WILD**
roast pheasant [rəust 'feznt]	Fasan-Braten
rabbit stew ['räbit stju:]	Kanincheneintopf
OFFAL [ɔfl]	**INNEREIEN**
black pudding [bläk 'puding]	Blutwurst
liver and onions ['livə änd 'anjənz]	Leber mit Zwiebeln
FOR CONNOISSEURS ['fɔ: kɔnə'sö:z]	**FÜR GOURMETS**
roast grouse with blackcurrant sauce [rəust graus wið bläk'karnt sɔ:s]	Gebratenes Moorhuhn mit Cassissauce
coronation chicken [kɔrə'neischn 'tschikin]	Hähnchensalat mit Mayo & Curry
devilled kidneys ['devld 'kidniz]	Scharfe Nierchen

FISCH & MEERESFRÜCHTE

TYPISCHE FISCHGERICHTE

SALT-WATER FISH [sɔlt 'wɔ:tə fisch]	**MEERESFISCHE**
cod & chips [kɔd änd tschips]	Kabeljau & Pommes
haddock & chips ['hädək änd tschips]	Schellfisch & Pommes
jellied eels ['dʒelid i:lz]	Aal in Aspik
kippers ['kipəz]	geräucherter Hering
smoked mackerel [sməukt 'mäkrəl]	geräucherte Makrele
catfish stew ['kätfisch stju:]	Eintopf mit Wolfsbarsch

FRESH-WATER FISH ['freschwɔ:tə fisch]	**SÜSSWASSERFISCHE**
grilled trout [grild traut]	Forelle vom Grill
smoked salmon [sməukt 'sämən]	Räucherlachs
trout amendine [traut ämän'di:n]	gebratene Forelle mit Mandelblättchen
fish pie [fisch pai]	Fischauflauf mit Kartoffelbreihaube

SEAFOOD ['si:fu:d]	**MEERESFRÜCHTE**
cullen skink ['kalən skink]	Kartoffel-Räucherfisch-Suppe
partan bree ['pɑ:tən bri:]	Milchsuppe mit Krebsfleisch
periwinkles with white wine and garlic ['periwinklz wið wait wain änd 'gɑ:lik]	Strandschnecken in Weißwein mit Knoblauch
prawn cocktail [prɔ:n 'kɔkteil]	Krabbencocktail
Surf'n'Turf [sö:fn tö:f]	Garnelen (oder Hummer) und Steak
crab cakes [kräb keiks]	Krebsfleischfrikadelle
clam chowder [kläm 'tschauda]	Muscheleintopf

FROM THE SEA [frəm ðə si:]	**AUS DEM MEER**
crispy seaweed ['krispi 'si:wi:d]	Knusprige Algen
sea bean salad [si: bi:n 'säləd]	Quellersalat

sea bass
[siː beis]

trout
[traut]

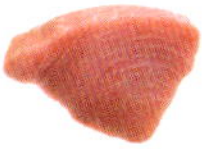

tuna
[ˈtjuːnə]

salmon
[ˈsämən]

sardines
[sɑːˈdiːnz]

shrimps
[schrimps]

scampi
[ˈskämpi]

lobster
[ˈlɔbstə]

mussels
[ˈmaslz]

squid
[skwid]

oyster
[ˈɔistə]

caviar
[ˈkäviɑː]

Aal	eel [iːl]
Dorade	bream [briːm]
Heilbutt	halibut [ˈhälibət]
Hering	herring [ˈhering]
Kabeljau	cod [kɔd]
Karpfen	carp [kɑːp]
Krebs	crab [kräb]
Lachs	salmon [ˈsämən]
Makrele	mackerel [ˈmäkrəl]
Oktopus	octopus [ˈɔktəpəs]
Petersfisch	John Dory [ˈdʒɔn ˈdɔːri]
Rotbarsch	rose fish [rəuz fisch]
Sardellen	anchovies [ˈäntschəviz]
Schellfisch	haddock [ˈhädək]
Scholle	plaice [pleis]
Seelachs	pollack [ˈpɔläk]
Seeteufel (Lotte)	monk fish [mank fisch]
Seezunge	sole [səul]
Stint	smelt [smelt]
Venusmuscheln	clams [ˈklämz]
Zander	pikeperch [ˈpaikpöːtsch]

VORSPEISEN & SALATE

STARTERS ['stɑ:təz]	**VORSPEISEN**
angels on horseback ['eindʒlz ɔn 'hɔ:sbäk]	Austern im Speckmantel
cheese straws [tschi:z strɔ:z]	Blätterteig-Käsestangen
devils on horseback ['devlz ɔn 'hɔ:sbäk]	Datteln im Speckmantel
fritters ['fritəz]	Gemüse im Backteig
meat pies [mi:t paiz]	Flieschpastchen
pickled beet egg ['pikld bi:t eg]	Solei mit Roter Bete
potato cake [pə'teitəu keik]	Kartoffel-Frikadelle
potted shrimps ['pɔtid schrimps]	Eingelegte Garnelen
sausage rolls ['sɔsidʒ rəulz]	Würstchen im Schlafrock
Scotch Eggs [skɔtsch egz]	hart gekochte Eier mit Wurstbrät umhüllt und paniert
Welsh Rarebit [welsch 'reəbit]	überbackene Käsebrote
SALADS ['sälədz]	**SALATE**
Caesar Salad ['si:zə 'säləd]	Cäsar Salat, Klassiker aus grünem Salat, Croûtons, Parmesan, Eiern, Knoblauch und Zitronenvinaigrette
California Avocado Salad [käli'fɔ:niə ävə'kɑ:dəu 'säləd]	Salat mit Avocado, Obst und Körnern
celery salad ['seləri 'säləd]	Selleriesalat, häufig mit Äpfeln und getrockneten Früchten wie Datteln
chef salad [schef 'säləd]	eigentlich ein Hauptgericht mit Gemüse, Ei, Käse und Schinken/Pute
chicken salad ['tschikin 'säləd]	Geflügelsalat mit gekochtem oder gebratenem Hähnchenfleisch
cobb salad [kɔb 'säləd]	amerikanischer Restesalat mit hart gekochten Eiern, Salatblättern nach Wahl, Hähnchenbrust, Avocado, Tomaten, Blauschimmelkäse
coleslaw ['kəulslɔ:]	amerikanischer Krautsalat mit Mayonnaise
English Garden Salad ['inglisch 'gɑ:dn 'säləd]	Kartoffel-Gemüse-Salat
Waldorf Salad ['wu:ldɔ:f 'säləd]	Waldorfsalat, erfunden im New Yorker Waldorf-Astoria-Hotel, mit Äpfeln, Sellerie, Walnüssen mit Mayonnaise

SUPPEN & BEILAGEN

SOUPS [su:ps]	**SUPPEN**
cock-a-leekie soup [kɔkə'li:ki su:p]	Hähnchen-Lauch-Suppe
cream of asparagus soup [kri:m əv ə'spärəgəs su:p]	Spargelcremesuppe
cream of tomato soup [kri:m əv tə'mɑ:təu su:p]	Tomatencremesuppe
leek and potato soup [li:k ənd pə'teitəu su:p]	Lauch-Kartoffel-Suppe
mockturtle soup ['mɔktö:tl su:p]	Deftige Kalbfleischsuppe mit Pilzen
mulligatawny soup [maligə'tɔ:ni su:p]	scharfe Currysuppe mit Huhn und Linsen
oxtail soup ['ɔksteil su:p]	Ochsenschwanzsuppe
pea and mint soup [pi: änd mint su:p]	Erbsen-Minze-Suppe
Scotch broth [skɔtsch brɔθ]	Schottische Graupensuppe mit Fleischeinlage
watercress soup ['wɔ:təkres su:p]	Brunnenkressesuppe

VEGETABLES AND SIDE DISHES ['vedʒtəblz ənd said 'dischiz]	**BEILAGEN**
garlic bread ['gɑ:lik bred]	Knoblauchbrot
side salad [said 'säləd]	Beilagensalat
corn on the cob [kɔ:n ɔn ðə kɔb]	Maiskolben
onion rings ['anjən ringz]	Zwiebelringe
sweet potato fries [swi:t pə'teitəu fraiz]	Süßkartoffel Pommes Frites
Irish Champ ['aiərisch tschämp]	Kartoffelbrei mit Frühlingszwiebeln
mushy peas ['maschi pi:z]	Erbsenpüree
cauliflower cheese ['kɔliflauə tschi:z]	Blumenkohlgratin
Yorkshire Pudding ['jɔ:kschə 'puding]	Eierpastetchen
bubble and squeak [babl änd skwi:k]	Restepfanne mit Kartoffeln und Gemüse

DESSERTS

TYPISCHE DESSERTS

cobbler ['kɔblə]	Obstauflauf
trifle ['traifl]	Schichtkuchen mit Creme und Früchten
Eton Mess [i:tn mes]	Früchte, Baiser und Sahne
sticky toffee pudding ['stiki 'tɔfi 'puding]	feuchter Biskuitkuchen mit Toffeesauce
bread and butter pudding [bred änd 'batə 'puding]	Toast und Rosinen im Eierteig
banoffee pie [bə'nɔfi pai]	Karamell-Bananen-Torte
knickerbocker glory ['nikəbɔkə 'glɔ:ri]	geschichtete Früchte mit Eiscreme
rice pudding [rais 'puding]	Milchreis
apple crumble [äpl 'krambl]	Apfelauflauf mit Streuseln
gooseberry fool ['guzbri fu:l]	Joghurtdessert mit Stachelbeeren

FAST FOOD

TYPISCHES FAST FOOD	TYPISCHES FAST FOOD
sausage roll ['sɔsidʒ rəul]	Würstchen in Blätterteig
bacon sandwich ['beikn 'sänwidʒ]	Sandwich mit Bacon
fish & chips [fisch änd tschips]	frittiertes Fischfilet mit Pommes
indian (takeaway) ['indiən ('teikəwei)]	Indisches Take-away
sausage, egg, beans and chips ['sɔsidʒ eg bi:nz änd tschips]	Würstchen, Eier, Bochnen und Speck

FASTFOOD INTERNATIONAL	INTERNATIONALES FASTFOOD
burger ['bö:gə]	Burger
chinese takeaway [tschai'ni:z 'teikəwei]	Chinese Take-away
doner kebab ['danə ki'bäb]	Döner
pizza ['pi:tsə]	Pizza

I'll eat it now. [ail i:t it nau]	auf die Hand
to take away [tu teik ə'wei]	zum Mitnehmen
to eat in [tu i:t in]	zum Hieressen
Can I have a napkin, please? [kən ai həv ə 'näpkin pli:z]	Eine Serviette, bitte.
I would like two hotdogs with mustard. [ai wud laik tu: 'hɔtdɔgz wið 'mastəd]	Ich hätte gern zwei Hotdogs mit Senf.

IM CAFÉ

Tee	tea [ti:]
Chai Latte (mit Haferdrink)	chai latte (with oat milk) [tschai 'lätei (wið əut milk)]
frischer Minztee	fresh mint tea [fresch mint ti:]
Früchtetee	fruit tea [fru:t ti:]
Ingwertee	ginger tea ['dʒindʒə ti:]
Kräutertee	herbal tea ['hö:bl ti:]
Matchatee	matcha tea ['mä:tschə ti:]
schwarzer/grüner Tee	black/green tea [bläk/gri:n ti:]
Tasse	cup [kap]
Kännchen	teapot ['ti:pɔt]
Teebeutel	tea bag [ti: bäg]
lose Teeblätter	loose-leaf tea [lu:s'li:f ti:]
Kakao/Trinkschokolade	hot chocolate [hɔt 'tschɔklət]
Espresso	espresso [e'spresəu]
Kaffee	coffee ['kɔfi]
schwarz	black [bläk]
mit Milch und Zucker	with milk and sugar [wið milk änd 'schugə]
Milchkaffee/Cappuccino/Latte macchiato	cafe latte/cappuccino/latte macchiato ['käfei 'lätei/käpu'tschi:nəu/'lätei mäki'ɑ:təu]
mit Sahne	with cream [wið kri:m]
mit Schuss	laced with … [leist wið]
mit Zitrone	with lemon [wið 'lemən]
Süßstoff	sweetener ['swi:tnə]
Honig	honey ['hani]

IN DER KNEIPE

Bar	bar [bɑ:]
Theke	bar [bɑ:]
Bier vom Fass	draught beer [drɑ:ft biə]
Hochprozentiges	high-proof alcohol [hai pru:f 'älkəhɔl]
Longdrink	long drink ['lɔng 'drink]
alkoholfrei	alcohol-free ['älkəhɔl fri:]
Eiswürfel/crushed ice	ice/crushed ice [ais/krascht ais]
Bestelle ich am Tisch oder an der Theke?	Do I order at the table or at the bar? [du ai 'ɔ:də ət ðə 'teibl ɔ: ət ðə bɑ:]
Bezahle ich am Tisch oder an der Theke?	Do I pay at the table or at the bar? [du ai pei ət ðə 'teibl ɔ: ət ðə bɑ:]

GETRÄNKE

SÄFTE & SOFTDRINKS

Apfelsaft	apple juice [äpl dʒu:s]
Apfelschorle	Appletiser ['äpltaizə]
Eistee	iced tea [aist ti:]
Holunderblütensirup	elderflower cordial ['eldəflauə 'kɔ:diəl]
Limonade	lemonade [lemə'neid]
Orangensaft	orange juice ['ɔrindʒ dʒu:s]
Rhabarberschorle	rhubarb spritzer ['ru:bɑ:b 'spritsə]
Schorle	spritzer ['spritsə]
Tonic Water	tonic water ['tɔnik 'wɔ:tə]

water (still)
['wɔ:tə (stil)]

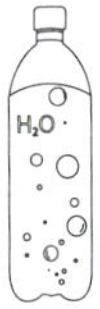

water (sparkling)
['wɔ:tə ('spɑ:kling)]

milk
[milk]

soy milk
[sɔi milk]

juice
[dʒu:s]

Coke
[kəuk]

energy drink
['enədʒi drink]

beer
[biə]

tea
[ti:]

coffee
['kɔfi]

hot chocolate
[hɔt 'tschɔklət]

ice cubes
[ais 'kju:bz]

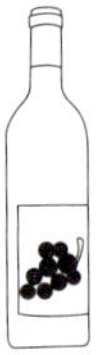
red wine
[red wain]

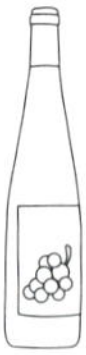
white wine
[wait wain]

sparkling wine/
Champagne
['spɑ:kling wain/schäm'pein]

cocktail
['kɔkteil]

WEIN(BESTELLUNG)

Roséwein	rosé [rəu'zäe]
(Weißwein-)Schorle	(white wine) spritzer [wait wain ('spritsə)]
ein Glas Wein	a glass of wine [ə glɑːs əv wain]
eine Flasche Wein	a bottle of wine [ə bɔtl əv wain]
ein Wein aus der Region	a regional wine [ə 'riːdʒənəl wain]
trocken	dry [drai]
feinherb/halbtrocken	semi-dry/semi-sweet ['semi drai/'semi swiːt]
offener Wein	wine by the glass [wain bai ðə glɑːs]
mit viel Säure	with lots of acidity [wið lɔts əv ə'siditi]
fruchtig	fruity ['fruːti]
leicht/schwer	light/heavy [lait/'hevi]
Können Sie uns einen Wein empfehlen?	Can you recommend a wine? [kən ju rekə'mend ə wain]

LOKALE BIERSPEZIALITÄTEN

ale [eil]	Oberbegriff für obergärige Biere
bitter ['bitə]	helles obergäriges Bier, 3–4 Vol.-%
brown ale [braun eil]	dunkles obergäriges Bier, 4,5–6,5 Vol.-%
India Pale Ale (IPA) ['indiə peil eil (aipiː'ei)]	stärker gehopft als Pale Ale
lager ['lɑːgə]	hell oder dunkles untergäriges Bier, 3,5–5,5 Vol.-%
mild ale [maild eil]	süßliches Ale mit wenig Hopfen, 3–5 Vol.-%
pale ale [peil eil]	helles obergäriges Bier, 4–6 Vol.-%
stout [staut]	dunkles obergäriges Starkbier, 4–7 Vol.-%

INSIDER-TIPP

GUT ZU WISSEN

CHEERS!

In britischen Pubs ist es üblich, die Getränke an der Theke zu bestellen und gleich zu bezahlen. Zur Pubtradition gehört es auch, für alle, die am Tisch sitzen oder zu deiner Gruppe gehören, zu bestellen und zu bezahlen. Da diese Tradition für alle gilt, ist jeder einmal dran, eine Runde auszugeben. Dasselbe gilt auch fürs Rauchen: Man bietet allen in der Runde eine Zigarette an – muss sie aber nicht nehmen! Tischbedienung ist zwar im Aufwärtstrend, aber eigentlich nur in Restaurants zu finden.

SHOPPEN & STÖBERN

Wer geht im Urlaub nicht gern mal auf Shoppingtour, stöbert in Läden oder bummelt über Märkte? Und dann sind da ja auch die Lieben zu Hause, die auf Mitbringsel hoffen. Von Klamotten und Schmuck über Elektroartikel und Schreibwaren bis hin zu Kunst und Trödel: Hier erfährst du, wie du all die vielen wunderbaren Dinge sprachlich ergattern kannst.

AUF SHOPPINGTOUR

Ich suche …	I'm looking for … [aim ˈluking fɔ:]
Wo finde ich …?	Where can I find …? [weə kən ai faind]
Einkaufsbummel	shopping trip [ˈschɔping trip]
Haupteinkaufsstraße	main shopping street [mein ˈschɔping stri:t]
(Wochen-)Markt	(weekly) market [(ˈwi:kli) ˈmɑ:kit]
Flohmarkt	flea market [fli: ˈmɑ:kit]
Antikmarkt	antiques market [änˈti:ks ˈmɑ:kit]
Kaufhaus	department store [diˈpɑ:tmənt stɔ:]
Gebrauchtwarenladen *(für wohltätige Zwecke)*	charity shop [ˈtschäriti schɔp]
Einkaufszentrum	shopping centre (AE) shopping mall [ˈschɔping ˈsentə/ˈschɔping mɔ:l]
Öffnungszeiten ▶ siehe S. 21 *Wochentage*	opening times [ˈəupning taimz]

ÖFFNUNGSZEITEN

morgens	in the morning at … [in ðə 'mɔ:ning ət]
… (halb) sieben	… (half) six [(hɑ:f) siks]
… (Viertel vor) acht	… (quarter to) eight [('kwɔ:tə tu) eit]
… (Viertel nach) neun	… (quarter past) nine [('kwɔ:tə pɑ:st) nain]
… zehn	… ten [ten]
… elf	… eleven [i'levn]
mittags	in the afternoon at … [in ði ɑ:ftə'nu:n ət]
… zwölf	… twelve noon [twelv nu:n]
… eins	… one [wan]
… zwei	… two [tu:]
nachmittags	late afternoon at … [leit ɑ:ftə'nu:n ət]
… drei	… three [θri:]
… vier	… four [fɔ:]
… fünf	… five [faiv]
… sechs	… six [siks]
abends	in the evening at … [in ði 'i:vning ət]
… sieben	… seven [sevn]
… acht	… eight [eit]
… neun	… nine [nain]
… zehn	… ten [ten]
… elf	… eleven [i'levn]
um Mitternacht	midnight ['midnait]
von … bis	from … to [frɔm … tu]
geöffnet	opened [əupnd]
geschlossen	closed [kləuzd]

FACHGESCHÄFTE

tourist information
['tuərist infə'meischn]

post office
[pəust 'ɔfis]

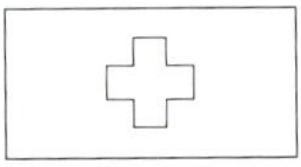
pharmacy
['fɑ:məsi]

health and beauty store
[helθ änd 'bju:ti stɔ:]

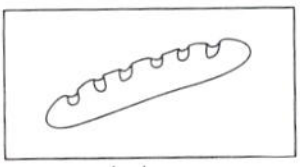
bakery
['beikəri]

supermarket
[su:pə'mɑ:kit]

butcher
['butschə]

organic food shop
[ɔ:'gänik fu:d schɔp]

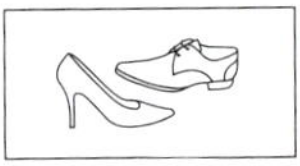
shoe shop
[schu: schɔp]

opticians
[ɔp'tischnz]

jeweller
['dʒu:ələ]

fashion boutique
[fäschn bu:'ti:k]

electronics/computer shop
[ilek'trɔniks/kəm'pju:tə schɔp]

souvenir shop
[su:və'niə schɔp]

gallery
['gäləri]

mobile phone shop
['məubail fəun schɔp]

outdoor shop
['autdɔ: schɔp]

book shop
[buk schɔp]

music store (records/LPs/CDs) ['mju:zik stɔ: ('rekɔ:dz/el'pi:z/si:'di:z]

toy shop
[tɔi schɔp]

wine shop
[wain schɔp]

off-licence
[ɔf 'laisns]

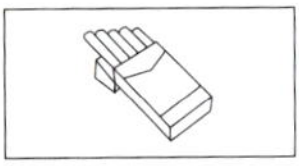
tobacco shop
[tə'bäkəu schɔp]

sports shop
[spɔ:ts schɔp]

florist
['flɔrist]

hairdresser
['heədresə]

hardware store
['hɑ:dweə stɔ:]

travel agency
['trävl 'eidʒnsi]

IM LADEN

Wann öffnen Sie?	When do you open? [wen du ju 'əupn]
Wann schließen Sie?	When do you close? [wen du ju kləus]
Ich hätte gern …	I would like … [ai wud laik]
Haben Sie …?	Do you have …? [du ju həv]
Haben Sie auch …?	Do you also have …? [du ju 'ɔ:lsəu həv]
Wo ist die …abteilung?	Where is the … department? [weə iz ðə ... di'pɑ:tmənt]
… Kinder	… children's ['tschildrənz]
… Damen	… women's ['wiminz]
… Herren	… men's [menz]
Ich sehe mich nur um.	I'm just looking, thank you. [aim dʒast 'luking θänk ju:]

INSIDER-TIPP

GUT ZU WISSEN

SWEETHEART

"Sweetheart!" ['swi:thɑ:t] "Dearie!" ['diəri] "Darling" ['dɑ:ling] (= „Mein Schatz"/„Mein Liebling"): Mach dir keine Sorgen, wenn du im Geschäft, am Telefon oder sonstwo so angesprochen wirst. Es ist nicht anzüglich gemeint, sondern nur freundlich. Engländer:innen und Amerikaner:innen gehen mit diesen Wörtern recht großzügig um.

PASSEND

It fits like a glove [it fits laik ə glav] … („es passt wie ein Handschuh"), sagt man auch bei anderen Kleidungsstücken: „Es passt wie angegossen."

KAUFEN & ZAHLEN

Was kostet das?	How much is it? [hau matsch iz it]
Haben Sie etwas Preiswerteres?	Do you have something cheaper? [du ju həv 'samθing 'tschi:pə]
Das ist schön, aber es ist mir zu teuer.	It's lovely, but it's too expensive for me. [its 'lavli bat its tu: ik'spensiv fɔ: mi:]
Können sie mir etwas Rabatt geben?	Please can I have a discount? [pli:z kən ai həv ə 'diskaunt]
Was kosten zwei/drei …?	How much do two/three cost …? [hau matsch du tu:/θri: kɔst]
Was kosten alle?	How much for all of them? [hau matsch fɔ: ɔ:l əv ðəm]
Das gefällt mir.	I'll take it. [ail teik it]
Wo ist die Kasse?	Where's the till? [weəz ðə til]
Kann ich bar/mit Karte bezahlen?	Can I pay cash/by card? [kən ai pei käsch/bai kɑ:d]
Kann ich bitte die Quittung haben?	Can I have a receipt, please? [kən ai həv ə ri'si:t pli:z]
Können Sie mir das als Geschenk einpacken?	Can you gift wrap it, please? [kən ju gift räp it pli:z]

KLEIDUNG & GRÖSSEN

Kann ich das anprobieren?	Can I try this on? [kən ai trai ðis ɔn]
Wo ist die Umkleidekabine?	Where is the changing room? [weə iz ðə 'tscheindʒing ru:m]
Haben Sie das auch eine Nummer größer/kleiner?	Do you have this in a bigger/smaller size? [du ju həv ðis in ə 'bigə/'smɔ:lə saiz]
Gibt es das auch in Größe …?	Do you have this in size …? [du ju həv ðis in saiz]
Gibt es das auch in einer anderen Farbe?	Do you have this in a different colour? [du ju həv ðis in ə 'difərnt 'kalə]
figurbetont	figure-hugging ['figə 'haging]
weit geschnitten	wide-cut [waid kat]
Das ist …	It's … [its]
… zu lang.	… too long. [tu: lɔng]
… zu kurz.	… too short. [tu: schɔ:t]
… zu eng.	… too tight. [tu: tait]
… zu weit.	… too wide. [tu: waid]
Das sitzt nicht gut.	It doesn't fit well. [it daznt fit wel]

T-shirt
['ti:schö:t]

(BE) jumpers
(AE) pullovers
['dʒampə/'puləuvəz]

hoody
['hudi]

jacket
['dʒäkit]

trousers
['trauzəz]

shorts
[schɔ:ts]

skirt
[skö:t]

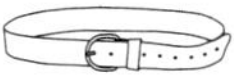
belt
[belt]

blouse
[blauz]

shirt
[schö:t]

suit jacket
[sju:t 'dʒäkit]

cardigan
['kɑ:digən]

suit
[sju:t]

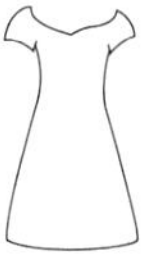
dress
[dres]

skirt suit
[skö:t sju:t]

coat
[kəut]

tights
[taits]

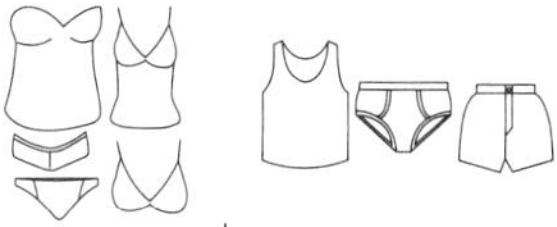
underwear
['andəweə]

bathrobe
['bɑ:θrəub]

socks/stockings
[sɔks/'stɔkingz]

swimming trunks
['swiming tranks]

swimsuit
['swimsu:t]

bikini
[bi'ki:ni]

cap
[käp]

hat
[hät]

gloves
[glavz]

scarf
[skɑ:f]

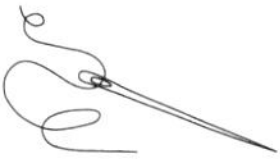
needle
[ni:dl]

thread
[θred]

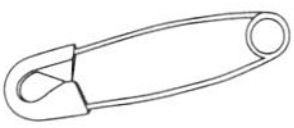
safety pin
['seifti pin]

button
[batn]

KONFEKTIONSGRÖSSEN IN GROSSBRITANNIEN & DEN USA

▶ DAMENKLEIDER, KOSTÜME, MÄNTEL USW.

Amerikanisch	10	12	14	16	18	20	22
Britisch	12	14	16	18	20	22	24
Deutsch	38	40	42	44	46	48	50

▶ HERRENANZÜGE, MÄNTEL USW.

Britisch	36	38	40	42	44	46
Deutsch	46	48	50	52	54	56

▶ HERRENHEMDEN (KRAGENWEITE)

Britisch	13	13½	14	14½	15	15½	15¾	16	16½	17	17½
Deutsch	34	35	36	37	38	39	40	41	42	43	44

STOFFE

(Bio)-Baumwolle	(organic) cotton [(ɔːˈgänik) kɔtn]
Canvas	canvas [ˈkänvəs]
Cord	cord [kɔːd]
Denim	denim [ˈdenim]
Flanell	flannel [ˈflänl]
Fleece	fleece [ˈfliːs]
Jersey	jersey [ˈdʒöːzi]
(Bio-)Leinen	(organic) linen [(ɔːˈgänik) ˈlinin]
Lycra	Lycra [ˈlaikrə]
Satin	satin [ˈsätin]
Seide	silk [silk]
Spitze	lace [leis]
Tüll	tulle [tjuːl]
Tweed	tweed [twiːd]
Viskose	viscose [ˈviskəus]

SCHUHE

Schuhe	shoes [schuːz]
Damenschuhe	women's shoes [ˈwiminz schuːz]
Herrenschuhe	men's shoes [menz schuːz]
flache Schuhe	flat shoes [flät schuːz]
hoher/flacher Absatz	high/low heeled [hai/ləu hiːld]
Ballerinas	ballet flats [ˈbälei fläts
Gummistiefel	wellingtons [ˈwelingtənz]
Halbschuhe	loafers [ˈləufəz]
Mokassins	moccasins [ˈmɔkəsinz]

Pumps	court shoes [kɔ:t schu:z]
Sandalen	sandals ['sändlz]
Sneaker	sneakers ['sni:kəz]
Sportschuhe für …	sports shoes for … [spɔ:ts schu:z fɔ:]
► siehe ab S. 128 *Sport, Spaß & Wellness*	
Stiefel	boots [bu:ts]
Stiefeletten	ankle boots [änkl bu:ts]
Wander-/Treckingschuhe	hiking/trekking shoes ['haiking/'treking schu:z]
vegane Schuhe	vegan shoes ['vi:gən schu:z]
Zehentrenner	flip-flops ['flipflɔps]

Leder	leather ['leðə]
Textil	textile ['tekstail]
Mesh	mesh [mesch]

Die Schuhe passen nicht richtig.	The shoes don't fit properly. [ðə schu:z dəunt fit 'prɔpli]
Haben Sie sie auch eine Nummer größer/kleiner?	Do you have a size bigger/smaller? [du ju həv ə saiz 'bigə/'smɔ:lə]
Gibt es halbe Größen?	Do you have half sizes? [du ju həv ha:f 'saiziz]

Übergrößen	outsizes ['autsaiziz]
Ich brauche …	I need … [ai ni:d]
… Einlagen.	… insoles. ['insəulz]
… Schnürsenkel.	… shoelaces. ['schu:leisiz]
… Schuhcreme.	… shoe cream. [schu: 'kri:m]

REPARIEREN

Bitte neu besohlen.	Please can you resole these shoes? [pli:z kən ju ri:'səul ði:z schu:z]
Können Sie das nähen?	Can you repair this? [kən ju ri'peə ðis]

SCHUHGRÖSSEN IN GROSSBRITANNIEN & DEN USA

► **Damen**

Amerikanisch	4	5	6	7	8	9	10	11	12	13
Britisch	2½	3½	4	5	6	6½	7	8	9	9½
Deutsch	35	36	37	38	39	40	41	42	43	44

► **Herren**

Amerikanisch	5	6	7	8	9	10	11	12	13	14	15
Britisch	3½	4	5	6	6½	7	8	9	9½	10	10½
Deutsch	36	37	38	39	40	41	42	43	44	45	46

MATERIALIEN

Bast	raffia ['räfiə]
Jeans	denim ['denim]
Kunststoff	plastic ['plästik]
Leder	leather ['leðə]
Mesh	mesh [mesch]
Nylon	nylon ['nailɔn]
Stoff	fabric ['fäbrik]
Wolle	wool [wul]

ACCESSOIRES

TASCHEN & REISEGEPÄCK

Boardcase	cabin bag ['käbin bäg]
Brieftasche	wallet ['wɔlit]
Einkaufstasche/Shopper	shopping bag ['schɔping bäg]
Handtasche	handbag ['händbäg]
Handyhülle	phone case [fəun keis]
Handykette mit Trageriemen	phone lanyard [fəun 'länjəd]
Kartenetui	credit card wallet ['kredit kɑ:d 'wɔlit]
Koffer	suitcase ['su:tkeis]
Kofferband	luggage strap ['lagidʒ sträp]
Kosmetiktasche	make-up bag ['meikap bäg]
Laptoptasche	laptop bag ['läptɔp bäg]
Portemonnaie	purse [pö:s]
(Wander-)Rucksack	(hiking) backpack [('haiking) 'bäkpäk]
Schlüsseletui/-anhänger	key ring/key fob [ki: ring/ki: fɔb]

BEIM JUWELIER

Schmuck	jewellery ['dʒu:lri]
Modeschmuck	fashion jewellery ['fäschn 'dʒu:lri]
Anhänger	pendant ['pendnt]
Armband	bracelet ['breislət]
Armbanduhr	watch [wɔtsch]
Brosche	brooch [brəutsch]
Edelstein	gemstone ['dʒemstəun]
Fassung	setting ['seting]
Fitnessuhr/Smart Watch	fitness watch/smart watch ['fitnəs wɔtsch/smɑ:t wɔtsch]

Kette	necklace ['nekləs]
Manschettenknöpfe	cufflinks ['kaflinks]
Ohrringe	earrings ['iəringz]
Ring	ring [ring]
Gold	gold [gəuld]
Gelbgold	yellow gold ['jeləu gəuld]
Roségold	rosé gold [rəu'zäi gəuld]
Weißgold	white gold [wait gəuld]
Silber/versilbert	silver/silver-plated ['silvə/'silvə 'pleitid]
Perle	pearl ['pö:l]
Strass	rhinestone ['rainstəun]
Können Sie bitte die Batterie wechseln?	Can you change the battery, please? [kən ju tscheindʒ ðə 'bätəri pli:z]
Können Sie … reparieren?	Can you repair …? [kən ju ri'peə]
… die Uhr	… my watch [mai wɔtsch]
… die Kette	… my necklace [mai 'nekləs]
… das Armband	… my bracelet [mai 'breislət]

INSIDER-TIPP

GUT ZU WISSEN

NEHMEN SIE KREDITKARTEN?

Wenn du in den USA etwas Teureres einkaufst, etwa Unterhaltungselektronik oder Designerkleidung, lohnt sich meist die Frage, ob man es auf steuerfreier Basis erwerben kann (*tax-free shopping* [täks'fri: 'schɔping]). Nach Vorlage des Reisepasses bekommt man dann die Ware um einiges billiger, nämlich mehrwertsteuerfrei (AE *free of sales tax* [fri: əv seilz täks]/BE *free of VAT* [fri: əv vät]).

KLEINE ELEKTROGERÄTE

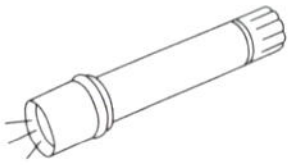
torch
[tɔ:tsch]

light bulb
[lait balb]

battery
[ˈbätəri]

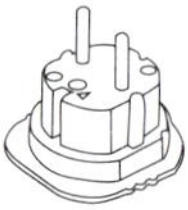
adapter
[əˈdäptə]

laptop
[ˈläptɔp]

charging cable
[ˈtschɑ:dʒing keibl]

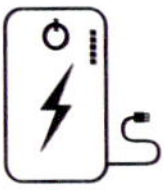
powerbank
[ˈpauə bänk]

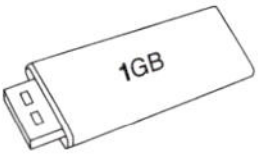

USB stick
[ˈju:esbi: stik]

printer
[ˈprintə]

scanner
[ˈskänə]

mobile/smartphone
[ˈməubail/ˈsmɑ:tfəun]

charger
[ˈtschɑ:dʒə]

television
[ˈtelivizn]

radio
[ˈreidiəu]

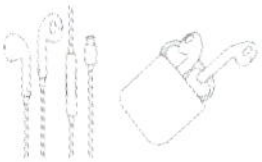
charging case for earphones
[ˈtschɑ:dʒing keis fɔ: ˈiəfəunz]

headphones
[ˈhedfəunz]

(digital) camera
[(ˈdidʒitl) ˈkämrə]

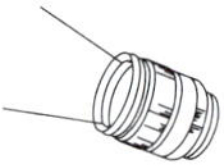
lens
[lenz]

battery
[ˈbätəri]

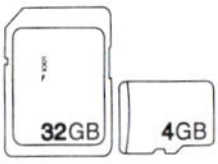

memory card
[ˈmeməri kɑ:d]

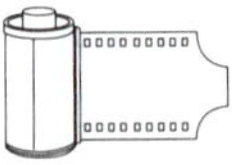
film
[film]

tablet/e-reader
[ˈtäblət/i:ˈbuk]

action cam
[ˈäkschn käm]

video recorder
[ˈvidiəu riˈkɔ:də]

electric razor
[iˈlektrik ˈreizə]

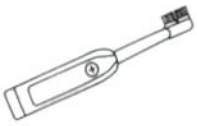
electric toothbrush
[iˈlektrik ˈtu:θbrasch]

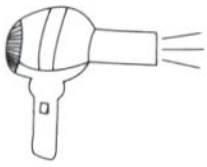
hairdryer
[ˈheədraiə]

smart watch
[smɑ:t wɔtsch]

IM SUPERMARKT

Einkaufswagen	shopping trolley ['schɔping 'trɔli]
Einkaufskorb	shopping basket ['schɔping 'bɑːskit]
Verkäufer:in	sales assistant [seilz ə'sistnt]

EINHEITEN

Flasche	bottle [bɔtl]
(Schraub)Glas	jar [dʒɑː]
Karton	box [bɔks]
Paket/Packung	packet ['päkit]
Riegel	bar [bɑː]
Scheibe	slice [slais]
Stück	piece [piːs]
Tafel	bar [bɑː]
Tetra-Pak	carton [kɑːtn]
Tüte	bag [bäg]

► siehe S. 18 *Maße & Gewichte*

INSIDER-TIPP

GUT ZU WISSEN

SCHLANGE STEHEN

Die Brit:innen sind dafür bekannt, dass sie in vielen Situationen ordentlich und geduldig Schlange stehen (*to queue* [tu kjuː]/*stand in a queue* [ständ in ə kjuː]). Besucher:innen sollten sich dieser Gewohnheit anpassen, denn Vordrängeln gilt als extrem unhöflich.

VOR ORT

Fleischtheke	meat counter [mi:t 'kauntə]
Käsetheke	cheese counter [tschi:z 'kauntə]
Kasse	check-out ['tschekaut]
Kühltheke	refrigerator [ri'fridʒəreitə]
SB-Kasse	self-service check-outs [self'sö:vis 'tschekauts]
Tiefkühltruhe	freezer ['fri:zə]

In welchem Gang/Regal finde ich …?	Where can I find …? [weə kən ai faind]
Gibt es eine Selbstbedienungstheke?	Is there a self-service counter? [iz ðeər ə self'sö:vis 'kauntə]
Kann ich eine Tasche bekommen?	Please can I have a bag? [pli:z kən ai həv ə bäg]

► siehe S. 76 *Obst*
► siehe S. 78 *Gemüse*
► siehe S. 82 *Fleisch*
► siehe S. 84 *Fisch & Meeresfrüchte*

INSIDER-TIPP
GUT ZU WISSEN

RUBBER

In den USA sollte man mit dem Wort *rubber* ['rabə] (Gummi) vorsichtig umgehen. Es ist genauso zweideutig wie das deutsche „Gummi". Je nach Kontext könnte dein Gegenüber auch „Kondom" verstehen.

IN DER DROGERIE

soap
[səup]

deodorant
[di'əudərnt]

cream
[kri:m]

toilet paper
['tɔilət 'peipə]

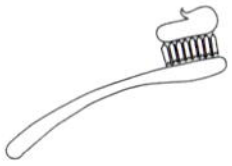
toothbrush
['tu:θbrasch]

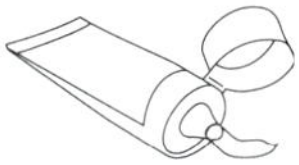
toothpaste
['tu:θpeist]

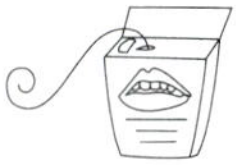
dental floss
['dentl flɔs]

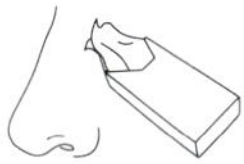
paper tissues
['peipə 'tischu:z]

shampoo
[schäm'pu:]

hairspray
[heə sprei]

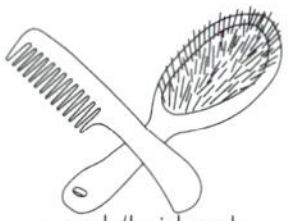
comb/hairbrush
[kəum/'heəbrasch]

hair ties
[heə taiz]

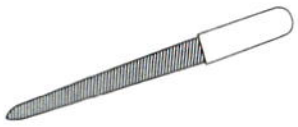
nail file
[neil fail]

tweezers
['twi:zəz]

nail scissors
[neil 'sizəz]

perfume
['pö:fju:m]

tampon
['tämpɔn]

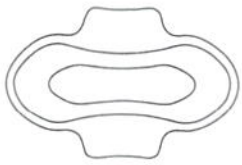
sanitary towel
['sänitri 'tauəl]

mascara
[mäskara]

lipstick
[lipstik]

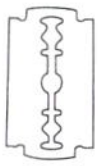
razor blade
['reizə bleid]

razor
['reizə]

after-shave
['ɑ:ftə'scheiv]

condom
['kɔndɔm]

suntan lotion
['santän 'ləuschn]

hot-water bottle
[hɔt'wɔ:tə 'bɔtl]

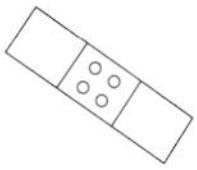
plaster
['plɑ:stə]

ear plug
[iə plag]

TABAK & SPIRITUOSEN

TABAKWAREN

Haben Sie …?	Do you have …? [du ju həv]
… E-Zigaretten	… e-cigarettes [i:sig'rets]
… Kautabak	… chewing tobacco ['tschu:ing tə'bäkəu]
… Pfeifen	… pipes [paips]
… Pfeifenstopfer	… tampers ['tämpəz]
… Schnupftabak	… snuff [snaf]
… Shishas	… shishas [schi:schəs]
… Tabak	… tobacco [tə'bäkəu]
… Zigaretten	… cigarettes [sig'rets]
… Zigarettenpapier	… cigarette papers [sig'ret 'peipəz]
… Zigarillo	… cigarillos [sigə'riləuz]
… Zigarren	… cigars [si'gɑ:z]

SPIRITUOSEN

Cognac	cognac ['kɔnjäk]
Gin	gin [dʒin]
irischer Cremelikör	Irish cream liqueur ['aiərisch kri:m li'kjuə]
Kräuterschnaps	herbal liqueur ['hö:bl li'kjuə]
Likör	liqueur [li'kjuə]
Likör auf Gin-Basis	Pimm's [pimz]
Obstbrand	fruit brandy [fru:t 'brändi]
Rum	rum [ram]
Schnaps	schnapps ['schnäps]
Weinbrand	brandy ['brändi]
Whisky/Whiskey	whisky/whiskey ['wiski]
Wodka	vodka ['vɔdkə]

SCHREIBWAREN

Haben Sie …?	Do you have …? [du ju həv]
… Alleskleber	… a glue stick [ə glu: stik]
… Anspitzer	… a sharpener [ə 'schɑ:pnə]
… Bleistifte	… pencils ['penslz]
… Briefmarken	… stamps [stämps]
… Briefpapier	… writing paper ['raiting 'peipə]
… Briefumschläge	… any envelopes [eni 'envələups]
… Buntstifte	… any coloured pencils [eni 'kaləd 'penslz]

... deutsche Zeitungen	... German newspapers ['dʒö:mən 'nju:zpeipəz]
... deutsche Zeitschriften	... German magazines ['dʒö:mən mägə'zi:nz]
... eine Landkarte von ...	... a map of ... [ə mäp əv]
... einen Stadtplan von ...	... a street map of ... [ə stri:t mäp əv]
... Filzstifte	... any felt-tip pens [eni 'felt'tip penz]
... Füllfederhalter	... a fountain pen [ə 'fauntin pen]
... Geschenkpapier	... wrapping paper ['räping 'peipə]
... Klebefilm	... any sticky tape [eni 'stiki teip]
... Kreide	... any chalk [eni 'tschɔ:k]
... Kugelschreiber	... pens [penz]
... Leuchtmarker	... highlighters ['hailaitəs]
... Lineale	... rulers ['ru:ləz]
... Notizbücher	... notebooks ['nəutbuks]
... Postkarten	... postcards ['pəustkɑ:dz]
... Radiergummis	... rubbers ['rabəz]
... Reiseführer	... guidebooks ['gaidbuks]
... Sekundenkleber	... super glue ['su:pə 'glu:]
... Tintenpatronen	... ink cartridges [ink 'kɑ:tridʒiz]
... Wanderführer/ Wanderkarten	... hiking guides/hiking maps ['haiking gaidz/'haiking mäps]
Was kostet/kosten ...	How much ... [hau matsch]
eine Postkarte nach Deutschland?	is a postcard to Germany? [iz ə 'pəustkɑ:d tu 'dʒö:məni]
Briefmarken für Postkarten nach Deutschland?	are stamps for a postcard to Germany? [ɑ: stämps fɔ: ə 'pəustkɑ:d tu 'dʒö:məni]

BEIM OPTIKER

Optiker	opticians [ɔp'tischnz]
Brille	glasses ['glɑ:siz]
Lesebrille	reading glasses ['ri:ding 'glɑ:siz]
Gleitsichtbrille	varifocals ['värəfouklz]
Fassung/Gestell	frames [freimz]
entspiegelt	anti-glare [äntigleə]
gehärtet	hardened ['hɑ:dnd]
verspiegelt	mirrored ['mirəd]
Kontaktlinsen	contact lenses ['kɔntäkt 'lenziz]
weiche	soft [sɔft]
harte	hard [hɑ:d]
Kunststoffgläser	plastic lenses ['plästik 'lenziz]
Tageslinsen	daily lenses ['deili 'lenziz]

Reinigungslösung für Kontaktlinsen	contact lens solution ['kɔntäkt lenz sə'lu:schn]
Sehstärke/Dioptrien	prescription glasses/dioptres [pri'skripschn 'glɑ:siz/dai'ɔptəs]
Sehtest	eye test [ai test]
Sonnenbrille	sunglasses ['san glɑ:siz]
kurzsichtig/weitsichtig	short-/long-sighted [schɔ:t/lɔng 'saitid]
Brillenputztuch	lens cloth [lenz klɔθ]
Brillenetui	glasses case ['glɑ:siz keis]
Kunststoff	plastic ['plästik]
Metall	metal ['metl]
Können Sie meine Brille reparieren?	Can you repair my glasses, please? [kən ju ri'peə mai 'glɑ:siz pli:z]
Wie lange dauert das?	How long will it take? [hau lɔng wil it teik]
Ich trage Kontaktlinsen und brauche …	I wear contact lenses and I need … [ai weə 'kɔntäkt 'lenziz ənd ai ni:d]

IM MUSIKGESCHÄFT

Noten (für)	sheet music (for) [schi:t 'mju:zik fɔ:]
Notenständer	music stand ['mju:zik ständ]
vierhändig spielen	piano four hands [pi'änəu fɔ: händz]
Streichquartett	string quartet [string kwɔ:'tet]

INSTRUMENTE

Akkordeon	accordion [ə'kɔ:diən]
Bass	bass [beis]
Blockflöte	recorder [ri'kɔ:də]
Bratsche	viola [vi'əulə]
Cajón	cajón ['ka:dʒɔn]
Cello	cello ['tscheləu]
Fagott	bassoon [bə'su:n]
Geige	violin [vaiə'lin]
Gitarre	guitar [gi'tɑ:]
Horn	bugle ['bju:gl]
Klarinette	clarinet [kläri'net]
Klavier	piano [pi'änəu]
Kontrabass	contrabass [kɔntrə'beis]
Oboe	oboe ['əubəu]
Orgel	organ ['ɔ:gən]
Posaune	trombone [trɔm'bəun]
Querflöte	flute [flu:t]

Saxofon	saxophone ['säksəfəun]
Schlagzeug	drums [dramz]
Trompete	trumpet ['trampit]

MUSIKRICHTUNGEN

Elektro	electronic [ilek'trɔnik]
Jazz	jazz [dʒäz]
klassische Musik	classical music ['kläsikl 'mju:zik]
Metal	metal ['metl]
Oper	opera ['ɔprə]
Pop	pop [pɔp]
Rave	rave [reiv]
Rock	rock [rɔk]
Techno	techno ['teknəu]
traditionelle Musik	traditional music [trə'dischnl 'mju:zik]
Volksmusik	folk music ['fəuk 'mju:zik]

AUF DEM FLOHMARKT

BEGEHRTE OBJEKTE

Stand	stand [ständ]
Antiquitäten	antiques [än'ti:ks]
Bild	picture ['piktschə]
Bilderrahmen	photo frame ['fəutəu freim]
Dekoration	decoration [dekə'reischn]
Dose	tin [tin]
Kerzenständer	candle holder ['kändl 'həuldə]
Lampe	lamp [lämp]
Porzellan	porcelain ['pɔ:slin]
Puppe	doll [dɔl]
Ramsch	knick-knacks ['niknäks]
Schale	bowl [bəul]
Schallplatten	records ['rekɔ:dz]
Secondhand	second-hand [sekənd'händ]
Silber	silver ['silvə]
Tischwäsche	table linen ['teibl 'linin]
Tasse	cup [kap]
Trinkglas/Weinglas	drinking glass/wine glass ['drinking glɑ:s/wain glɑ:s]
Vase	vase [vɑ:z]

HANDELN & KAUFEN

Ist das echt?	Is it genuine? [iz it 'dʒenjuin]
Ist das antik?	Is it an antique? [iz it ən än'ti:k]
Wie alt ist das?	How old is it? [hau əuld iz it]
Das gefällt mir.	I like it. [ai laik it]
Ich nehme lieber das.	I prefer this one. [ai pri'fö: ðis wan]
Was kostet das?	How much is it? [hau matsch iz it]
Ich überlege noch mal.	I'll think about it. [ail θink ə'baut it]
Das ist mir zu teuer.	It's too expensive. [its tu: ik'spensiv]
Ich habe nur … Pfund.	I've only got … pounds. [aiv əunli gɔt ... paundz]
Für … Pfund nehme ich es.	I'll take it for … pounds. [ail teik it fɔ: ... paundz]
Was ist Ihr bester/letzter Preis?	What's your best price? [wɔts jɔ: best prais]
Einverstanden!	Deal! [di:l]
Ich nehme es.	I'll take it. [ail teik it]
Können Sie mir das bitte bruchsicher einpacken?	Please can you wrap it up? [pli:z kən ju räp it ap]

KUNST(HANDWERK)

Acrylmalerei	acrylic painting [ə'krilik 'peinting]
Aquarell	watercolours ['wɔ:təkaləz]
Druck	print [print]
Figur/Plastik	sculpture ['skalptschə]
Fotografie	photography [fə'tɔgrəfi]
Handarbeiten	handwork ['händwö:k]
handgefertigt	handmade [händ'meid]
Kunst	art [ɑ:t]
(regionales) Kunsthandwerk	(regional) handicrafts [ri:dʒnl 'händikrɑ:fts]
Leinwand	canvas ['känvəs]
Lithografie	lithography [li'θɔgrəfi]
Ölgemälde	oil painting [ɔil 'peinting]
Radierung	rubbing ['rabing]
Rahmen	frame [freim]
Ton	clay [klei]
Töpferwaren/Keramik	pottery/ceramics ['pɔtəri/si'rämiks]

Verschicken Sie ins Ausland?	Do you ship abroad? [du ju schip ə'brɔ:d]
Ist der Versand versichert?	Is the shipping insured? [iz ðə 'schiping in'schɔ:d]

HANDARBEITEN

Filzen	felting ['felting]
Häkeln	crochet ['krəuschei]
Makramee	macramé [mə'kra:mei]
Nähen	sewing ['səuing]
Punch Needle	punch needle [pantsch 'ni:dl]
Sticken	embroidery [im'brɔidəri]
Stricken	knitting ['niting]

ZUBEHÖR

Ich suche	I'm looking for … [aim 'luking fɔ:]
… Garn	… yarn [ja:n]
… eine Häkelnadel	… a crochet hook [ə 'krəuschei huk]
… eine Hilfsnadel	… a stitch holder [ə stitsch 'həuldə]
… einen Maschenmarkierer	…a stitch marker [ə stitsch 'ma:kə]
… ein Nadelspiel Nr.	… a set of needles in sizes … [ə set əv ni:dlz in 'saiziz]
… eine Nähnadel	… a sewing needle [ə 'səuing ni:dl]
… eine Rundstricknadel	… circular knitting needles ['sö:kjulə 'niting 'ni:dlz]
… eine Sticknadel	… an embroidery needle [ən im'brɔidəri ni:dl]
… einen Stickrahmen	… an embroidery frame [ən im'brɔidəri freim]
… Stoff	…fabric ['fäbrik]
… Stricknadeln	… knitting needles ['niting ni:dlz]
… eine Wollnadel	… a darning needle [ə 'da:ning ni:dl]

WOLLE

Angora	angora [äng'ɔ:rə]
Alpaka	alpaca [äl'päkə]
Baumwolle	cotton ['kɔtn]
Bouclé	bouclé yarn ['bu:klei ja:n]
Chenille	chenille [schə'ni:l]
Islandwolle	Iceland wool ['aislənd wul]
Kaschmir	cashmere ['käschmiə]
Merino	merino [mə'ri:nəu]
Mohair	mohair ['məuheə]
Shetlandwolle	Shetland wool ['schetlənd wul]

AUSGEHEN & FEIERN

Und abends so? In den Klub, die Kneipe, das Jazzkonzert oder die Oper? Die Möglichkeiten sind endlos, wenn du weißt, wie das alles heißt und du nach den nötigen Infos fragen kannst. Und wer im Nachtleben andere Einheimische (oder Reisende) kennenlernen will, braucht natürlich auch das passende Flirt- (oder Abwimmel-) Vokabular!

WOHIN?

Gibt es einen örtlichen Veranstaltungskalender?	Is there a calendar of local events? [es ðeər ə ˈkälində əv ˈləukl iˈvents]
Ballett	ballet [ˈbälei]
Bar	bar [bɑː]
Cocktailbar	cocktail bar [ˈkɔkteil bɑː]
Karaokebar	karaoke bar [käriˈəuki bɑː]
Lesben-/Schwulenbar	lesbian/gay bar [ˈlezbiən/gei bɑː]
queere Bar	queer bar [kwiə bɑː]
Sportkneipe	sports bar [spɔːts bɑː]
Strandbar	beach bar [biːtsch bɑː]
Disco	club [klab]
Fest	party [pɑːti]
Festival	festival [ˈfestivl]
Kindertheater	children's theatre [ˈtschildrənz ˈθiətə]

Kino	cinema [ˈsinəmə]
Kirmes	funfair [ˈfanfeə]
Kleinkunst	cabaret [ˈkäbərei]
Klub	club [klab]
Kneipe	pub [pab]
Konzert	concert [ˈkɔnsət]
Jazzkonzert	jazz concert [dʒäz ˈkɔnsət]
Klassisches Konzert	classical music concert [ˈkläsikl ˈmju:zik ˈkɔnsət]
Rockkonzert	rock concert [rɔk ˈkɔnsət]
Musical	musical [ˈmju:zikl]
Nachtklub	nightclub [ˈnaitklab]
offene Bühne	open stage [ˈəupn ˈsteidʒ]
Open-air-Bühne	open-air theatre [əupənˈeə ˈθiətə]
Open-air-Kino	open-air cinema [əupənˈeə ˈsinəmə]
Open-air-Konzert	open-air concert [əupənˈeə ˈkɔnsət]
Oper	opera [ˈɔprə]
Philharmonie	philharmonic [filəˈmɔnik]
Straßentheater	street theatre [stri:t ˈθiətə]
Tanzaufführung	dance recital [dɑ:ns riˈsaitl]
Theater	theatre [ˈθiətə]
Varieté	variety [vəˈraiəti]
Vernissage	vernissage [vö:niˈsɑ:ʒ]
Volksfest	fair [feə]
Zirkus	circus [ˈsö:kəs]

PLANUNG

Ich möchte in eine … Bar gehen.	I would like to go to a/an … bar. [ai wud laik tu gəu tu ə/ən ... bɑ:]
… ruhige	… quiet ['kwaiət]
… gemütliche	… cosy ['kəuzi]
… angesagte	… popular ['pɔpjulə]
… edle	… up-market [ap'mɑ:kit]
… studentische	… student ['stju:dnt]
… preiswerte	… affordable [ə'fɔ:dəbl]
Gibt es eine Ausgehmeile mit vielen Kneipen?	Is there an area of town with lots of pubs and bars? [iz ðeər ən 'eəriə əv taun wið lɔts əv pabz ənd bɑ:z]
Wo kann man hier Livemusik hören/zu Livemusik tanzen?	Where can I hear live music/dance to live music? [weə kən ai hiə liv 'mju:zik/dɑ:ns tu liv 'mju:zik]
Ich möchte zu … tanzen.	I want to dance to … [ai wɔnt tu dɑ:ns tu:]
… elektronischer Musik	… electro music [i'lektrəu 'mju:zik]
… Rockmusik	… rock music [rɔk 'mju:zik]
… Popmusik	… pop music [pɔp 'mju:zik]
… HipHop	… hip-hop [hiphɔp]
… Musik der 1980er-/1990er-/2000er-Jahre	… 80s/90s/2000s music ['eitiz/'naintiz/'tu: 'θauzndz 'mju:zik]
Wo kann man unter der Woche feiern gehen?	Where can you go partying during the week? [weə kən ju gəu pɑ:'ti:ing 'djuəring ðə wi:k]
Welche Klubs sind gerade angesagt?	Which clubs are hot at the moment? [witsch klabz ɑ: hɔt ət ðə 'məumənt]
Um wie viel Uhr geht man am besten in den Klub?	What's the best time to go to the club? [wɔts ðə best taim tu gəu tu ðə klab]
Gibt es eine Kleiderordnung?	Is there a dress code? [iz ðeər 'ə dres kəud]
Sind die Türsteher:innen streng?	Are the bouncers strict? [ɑ: ðə 'baunsəz strikt]
Um wie viel Uhr schließen die Klubs?	What time do the clubs close? [wɔt taim du ðə klabz kləus]
Fährt die Bahn/der Bus auch nachts?	Do the trains/buses run at night? [du ðə treinz/'basiz ran ət nait]
Wie komme ich nachts am besten zurück ins Hotel?	How do I get back to the hotel at night? [hau du ai get bäk tu ðə həu'tel ət nait]

TICKETKAUF

Gibt es noch Karten für …?	Are tickets for … still available? [ɑ: 'tikits fɔ: ... stil ə'veiləbl]
Haben Sie noch Karten für heute Abend?	Do you still have tickets for this evening? [du ju stil həv 'tikits fɔ: ðis 'i:vning]
Wo bekomme ich Karten für …?	Where can I get tickets for …? [weə kən ai get 'tikits fɔ:]
Ich hätte gern zwei Karten für …	I would like two tickets for … [ai wud laik tu: 'tikits fɔ:]
Was kostet der Eintritt?	How much is the entrance fee? [hau matsch iz ði 'entrəns fi:]
Gibt es ermäßigte Preise für … ?	Is there a reduced price for … ? [iz ðeər ə ri'dju:st prais fɔ:]
… Kinder	… children ['tschildrən]
… Senior:innen	… senior citizens ['si:niə 'sitiznz]
… Studierende	… students ['stju:dnts]
… Menschen mit Einschränkungen	… disabled people [di'seibld pi:pl]
Was kosten die besten/preiswertesten Plätze?	How much are the best/cheapest seats? [hau matsch ɑ: ðə best/'tschi:pist si:ts]
Ist der Theater-/Konzertsaal barrierefrei zugänglich?	Does the auditorium have step-free access? [daz ði ɔ:di'tɔ:riəm həv 'stepfri: 'äkses]
Sind in der X. Reihe noch Plätze frei?	Are there any seats available in row X? [ɑ: ðeər 'eni si:ts ə'veiləbl in rəu '...]
Abendkasse	box office [bɔks 'ɔfis]
Ausstellung	exhibition [eksi'bischn]
ausverkauft	sold out [səuld aut]
Bestuhlung	seating ['si:ting]
Bühne	stage ['steidʒ]
Einladung	invitation [invi'teischn]
Garderobe	cloakroom ['kləukrum]
Innenraum	interior [in'tiəriə]
Kasse	box office [bɔks 'ɔfis]
Logenplatz	box seat [bɔks si:t]
Orchester	orchestra ['ɔ:kistrə]
Parkett	stalls [stɔ:lz]
Party	party ['pɑ:ti]
Platzanweiser:in	usher/usherette ['aschə/aschə'ret]

Premiere	premiere ['premieə]
Programm	programme ['prəugräm]
Programmheft	programme booklet ['prəugräm 'buklət]
Rang	tier [tiə]
Reihe	row [rəu]
Sitzplatz	seat [si:t]
Stehplatz	standing room ['ständing ru:m]
Türsteher	bouncer ['baunsə]
Vorverkauf	advance booking [əd'va:ns 'buking]

VOR ORT

Wann ist Einlass?	When do the doors open? [wen du ðə dɔ:z 'əupn]
Gibt es noch Tickets an der Abendkasse?	Can we still get tickets at the box office? [kən wi: stil get 'tikits ət ðə bɔks 'ɔfis]
Wo ist die Garderobe?	Where is the cloakroom? [weə iz ðə 'kləukrum]
Wann ist die Vorstellung zu Ende?	When does the performance end? [wen dəz ðə pə'fɔ:məns end]
Gibt es eine Pause?	Is there an interval? [iz ðeər ən 'intəvl]
Wann ist die Pause?	When is the interval? [wen iz ði 'intəvl]
Welche Musikrichtung wird hier gespielt?	What music do they play here? [wɔt 'mju:zik du ðei plei hiə]

FLIRTEN & DATEN

Du bist mir aufgefallen.	You caught my eye. [ju kɔ:t mai ai]
Du bist meiner Freundin/meinem Freund aufgefallen.	My friend noticed you. [mai frend 'nəutist ju]
Mir gefällt/gefallen …	I like … [ai laik]
… dein Lächeln.	… your smile. [jɔ: smail]
… deine Ausstrahlung.	… your vibe. [jɔ: vaib]
… dein Outfit.	… your outfit. [jɔ: 'autfit]
… deine Augen.	… your eyes. [jɔ: aiz]
Darf ich dich zu einem Drink einladen?	Would you like to join me in a drink? [wud ju laik tu dʒɔin mi: in ə drink]
Möchtest du etwas trinken?	Would you like a drink? [wud ju laik ə drink]
Wollen wir tanzen?	Would you like to dance? [wud ju laik tu da:ns]

Du kannst gut tanzen.	You're a good dancer. [jɔ: ə gud 'dɑ:nsə]
Wollen wir uns hinsetzen?	Shall we sit down? [schəl wi sit daun]
Wollen wir uns draußen unterhalten?	Shall we talk outside? [schəl wi tɔ:k 'autsaid
Wollen wir irgendwo hingehen, wo es etwas ruhiger ist?	Shall we go somewhere a bit quieter? [schəl wi gəu 'samweə ə bit 'kwaiətə]
Ich würde dich gern wiedersehen.	I'd like to see you again. [aid laik tu si: ju ə'gen]
Ich möchte dich kennenlernen.	I'd like to get to know you. [aid laik tu get tu nəu ju]
Ich bin noch bis … hier.	I'll be in town until … [ail bi: in taun an'til]
Gibst du mir deine Handynummer?	Can I have your number? [kən ai həv jɔ: 'nambə]

INSIDER-TIPP

GUT ZU WISSEN

DIE FREUNDLICHE ENGLISCHE ART

Mehr noch als im Deutschen wirkt es im Englischen schroff bis unhöflich, wenn man eine Frage nur mit „Ja" (*Yes* [jes]) oder „Nein" (*No* [no]) beantwortet. Man sollte zumindest das Verb aus der Frage wiederholen: *Are you on your own*? [ɑ: ju ɔn jɔ: əun] („Sind Sie/Bist du allein?") – *Yes, I am.* [jes ai äm] („Ja, ich bin"). So wie man im Deutschen eine Frage oder eine Bitte mit „Entschuldigen Sie bitte, …" einleitet, sollte man auch im Englischen ein *Excuse me, please, …* [ik'skju:s mi pli:z] voranstellen.

Darf ich dir meine Handynummer geben?	Can I give you my number? [kən ai giv ju mai 'nambə]
Darf ich dich anschreiben?	Can I text you? [kən ai tekst ju]
Was machst du morgen Abend?	What are you doing tomorrow evening? [wɔt ɑː ju 'duːing tə'mɔrəu 'iːvning]
Welche Musik magst du?	What kind of music do you like? [wɔt kaind əv 'mjuːzik du ju laik]
Magst du …?	Do you like …? [du ju laik]
Danke für die Einladung.	Thanks for inviting me. [θänks fɔː in'vaiting mi]
Wollen wir uns treffen?	Shall we meet up again? [schəl wi miːt ap ə'gen]
Möchtest du mit zu mir kommen?	Do you want to come back to my place? [du ju wɔnt tu kam bäk tu mai pleis]
Darf ich dich küssen?	May I kiss you? [mei ai kis ju]
Ich bin in einer offenen Beziehung.	I'm in an open relationship. [aim in ən 'əupn ri'leischnschip]
Danke für den schönen Abend.	Thank you for the lovely evening. [θänk ju fɔː ðə 'lavli 'iːvning]
Ich hatte eine gute Zeit.	I had a good time. [ai həd ə gud taim]
Ich möchte mit dir schlafen.	I want to sleep with you. [ai wɔnt tu sliːp wið ju]
Nur mit Kondom!	Only with a condom! ['əunli wið ə 'kɔndɔm]
heterosexuell	straight [streit]
schwul	gay [gei]
lesbisch	lesbian ['lezbiən]
bi	bi [bai]
trans	trans [tränz]
nicht-binär	non-binary [nɔn 'bainəri]

ABWIMMELN

Nein, ich möchte nichts trinken.	No thank you, I don't want anything to drink. [nəu θängk ju ai dəunt wɔnt 'eniθing tu drink]
Ich bin nicht interessiert.	I'm not interested. [aim nɔt 'intrəstid]
Ich möchte nicht, dass du mich anrufst.	I don't want you to call me. [ai dəunt wɔnt ju tu kɔːl mi]
Meine Handynummer bekommst du nicht.	I'm not giving you my number. [aim nɔt 'giving ju mai 'nambə]

Hör auf, mich zu belästigen.	Stop bugging me. [stɔp 'baging mi]
Hör auf damit!	Leave me alone! [li:v mi ə'ləun]
Lass mich in Ruhe!	Stop it! [stɔp it]
Du bist zu aufdringlich.	You're too pushy. [jɔ: tu: 'puschi]
Du bist mir einfach nicht symphatisch.	I just don't like you. [ai dʒast dəunt laik ju]
Du bist nicht mein Typ.	You're not my type. [jɔ: nɔt mai taip]
Du nervst.	You're annoying. [jɔ: ə'nɔiing]
Versuch's woanders.	Try someone else. [trai 'samwan els]
Das geht mir zu schnell.	This is going too fast for me. [ðis iz 'gəuing tu: fɑ:st fɔ: mi]
Ich habe kein Interesse mehr.	I'm not interested any more. [aim nɔt 'intrəstid 'eni mɔ:]
Ich muss jetzt gehen.	I have to go now. [ai həv tu gəu nau]
Ich möchte einfach nur mit meinen Freund:innen feiern.	I just want to hang out with my friends. [ai dʒast wɔnt tu häng aut wið mai frendz]
Hilfe, der Mann/die Frau bedrängt mich.	Help! This man/woman is bothering me. [help ðis män/'wumən iz 'bɔðəring mi]
Ich habe einen Freund/eine Freundin.	I have a boyfriend/girlfriend. [ai həv ə 'bɔifrend/'gö:lfrend]
Ich warte auf meinen Mann/ meine Frau.	I'm waiting for my husband/wife. [aim 'weiting fɔ: mai 'hazbənd/waif]
Ich bin verheiratet.	I'm married. [aim 'märid]
Ich bin vergeben.	I'm already spoken for. [aim ɔ:l'redi 'spəukn fɔ:]

SIGHTSEEING & AUSFLÜGE

Erstmal in der Touristeninformation oder mit Stadtplan oder App orientieren und dann geht's los. Egal, ob du dich für Architektur, Kunst, Geschichte oder Natur interessierst: Wer Infos zum Sightseeing-Angebot in der Landessprache versteht und gezielt nach Weg oder Öffnungszeiten fragen kann, hat definitiv mehr vom Urlaub.

IN DER STADT

Altstadt	old town [əuld taun]
Ausgehmeile	night life quarter [nait laif 'kwɔ:tə]
Brunnen	fountain ['fauntin]
Bustour	bus tour [bas tuə]
Citytour	city tour ['siti tuə]
Denkmal	monument ['mɔnjumənt]
Fluss/Kanal	river/canal ['rivə/kə'näl]
Fort	fortress ['fɔ:trəs]
Fußgängerzone	pedestrian zone [pə'destriən zəun]
Geburtshaus	birthplace ['bö:θpleis]
geführte Tour	guided tour ['gaidid tuə]
Geschäfte	shops [schɔps]
Hafen	harbour ['hɑ:bə]
Hop-On Hop-Off Bus	hop-on/hop-off bus ['hɔp'ɔn/'hɔpɔf bas]

Monument	monument ['mɔnjumənt]
Nationaldenkmal	national monument ['näschnəl 'mɔnjumənt]
Palast	palace ['päləs]
Park	park [pɑ:k]
Platz	square [skweə]
Reiseführer	guidebook ['gaidbuk]
Residenz	residence ['rezidns]
See	lake [leik]
Sehenswürdigkeiten	tourist attractions ['tuərist ə'träkschnz]
Skulptur	sculpture ['skalptschə]
Stadtführung	city tour ['siti tuə]
Stadtmauer	town walls [taun wɔ:lz]
Stadtplan	city map ['siti mäp]
Stadtrundfahrt/Stadtrundgang	sightseeing tour ['saitsi:ing tuə]
Statue	statue ['stätschu:]
Tagesausflug	day trip [dei trip]
Touristeninformation	tourist information ['tuərist infə'meischn]
Viertel	district ['distrikt]
Weiher	pond [pɔnd]
Weltkulturerbe	World Heritage Site [wö:ld 'heritidʒ sait]
Zentrum	centre ['sentə]
Zisterne	cistern [sistn]
Zitadelle	citadel ['sitədäl]

Was sind die Hauptsehenswürdigkeiten?	What are the main attractions? [wɔt ɑː ðə mein əˈträkschnz]
Können Sie mir … im Plan markieren?	Please can you mark … on the map? [pliːz kən ju mɑːk … ɔn ðə mäp]
… mein Hotel	… my hotel [mai həuˈtel]
… den Bahnhof	… the train station [ðə trein ˈsteischn]
… den Busbahnhof	… the bus station [ðə bas ˈsteischn]
… den Flughafen	… the airport [ði ˈeəpɔːt]
… das Rathaus	… the town hall [ðə taun hɔːl]
… das Museum	… the museum [ðə mjuːˈziːəm]
… die Kathedrale	… the cathedral [ðə kəˈθiːdrəl]
… das Restaurant	… the restaurant [ðə ˈrestrɔnt]
… die Sehenswürdigkeiten	… the sights [ðə saits]
… das Stadtzenturm	… the town centre [ðə taun ˈsentə]
… den Weg	… the route [ðə ˈruːt]

Museum für	museum of [mjuːˈziːəm əv]
Archäologie	archaeology [ɑːkiˈɔlədʒi]
Bergbau	mining [ˈmaining]
Design	design [diˈzain]
Ethnologie/Altertum	ethnology/antiquity [eθˈnɔlədʒi/änˈtikwiti]
Geschichte	history [ˈhistəri]
Heimatkunde	local history [ləukl ˈhistəri]
Kulturgeschichte	cultural history [ˈkaltschərl ˈhistəri]
alte/moderne Kunst	old/modern art [əuld/ˈmɔdn ɑːt]
Militärgeschichte	military history [ˈmilitəri ˈhistəri]
Naturkunde	natural history [ˈnätschərl ˈhistəri]
Stadtgeschichte	local history [ˈləukl ˈhistəri]
Technik	technology [tekˈnɔlədʒi]

Ausstellung	exhibition [eksiˈbischn]
Dauerausstellung	permanent exhibition [ˈpöːmənənt eksiˈbischn]
Fotografie	photography [fəˈtɔgrəfi]
Galerie	gallery [ˈgäləri]
Gemälde	paintings [ˈpeintingz]
Graffiti	graffiti [grəˈfiːti]
Installation	installation [instəˈleischn]
Kunst im öffentlichen Raum	art in public spaces [ɑːt in ˈpablik ˈspeisiz]
Künstler:in	artist [ˈɑːtist]
Performance	performance [pəˈfɔːməns]
Pinakothek	art gallery [ɑːt ˈgäləri]
Skulpturen	sculptures [ˈskalptschəz]
Sonderausstellung	special exhibition [ˈspeschl eksiˈbischn]

SEHENSWÜRDIGKEITEN

RELIGIÖSE GEBÄUDE

Abtei	abbey ['äbi]
Basilika	basilica [bə'zilikə]
Dom	cathedral [kə'θi:drəl]
Gottesdienst	religious service [ri'lidʒəs 'sö:vis]
Kapelle	chapel ['tschäpl]
Kathedrale	cathedral [kə'θi:drəl]
Kirche	church [tschö:tsch]
Kirchturm	church tower [tschö:tsch 'tauə]
Kleidervorschriften	dress code [dres kəud]
Kloster	convent ['kɔnvənt]
Moschee	mosque [mɔsk]
Münster	minster ['minstə]
Schatzkammer	treasury ['treʒri]
Stift	monastery ['mɔnəstri]
Synagoge	synagogue ['sinəgɔg]
Tempel	temple [templ]

SONSTIGES

Aquarium	aquarium [ə'kweəriəm]
Ausgrabungen	excavations [ekskə'veischnz]
Aussichtspunkt	lookout point ['lukaut pɔint]
Aussichtsturm	observation tower [ɔbzə'veischn tauə]
Brücke	bridge [bridʒ]
Burg	castle [kɑ:sl]
Denkmal	monument ['mɔnjumənt]
Einkaufsstraße	shopping street ['schɔping stri:t]
Festung	fortification [fɔ:tifi'keischn]
Fort	fort [fɔ:t]
Friedhof	cemetery ['semətri]
Garten	gardens ['gɑ:dnz]
Museum	museum [mju:'zi:əm]
Oper	opera [ɔprə]
Palast	palace ['pälis]
Park	park [pɑ:k]
Parlament	parliament ['pɑ:limənt]
Platz	square [skweə]
Rathaus	town hall [taun hɔ:l]
Regierungssitz	seat of government [si:t əv 'gavnmənt]
Schloss	castle [kɑ:sl]

Stadtführung	city tour ['siti tuə]
Stadtrundfahrt	sight-seeing tour ['sait 'si:ing tuə]
Theater	theatre ['θiətə]
Turm	tower ['tauə]
Zoo	zoo [zu:]

Wo finde ich das Grab von ...?	Where can I find ...'s grave? [weə kən ai faind ...es greiv]

IM MUSEUM

Ausgang	exit ['egzit]
Ausstellung	exhibition [eksi'bischn]
Dauerausstellung	permanent exhibition ['pö:mənənt eksi'bischn]
Sonderausstellung	special exhibition ['speschl eksi'bischn]
Buchshop	bookshop ['bukschɔp]
Eingang	entrance ['entrəns]
Führung	tour [tuə]
Infotheke	information desk [infə'meischn desk]
Kasse	ticket office ['tikit 'ɔfis]
Katalog	catalogue ['kätlɔg]
Museumscafé	museum café [mju:'zi:əm 'käfei]
Museumsshop	museum shop [mju:'zi:əm schɔp]
Öffnungszeiten	opening times ['əupning taimz]
Sammlung	collection [kə'lekschn]
Schließfächer	lockers ['lɔkəz]

EINTRITTSKARTEN

► siehe S. 115 *Ticketkauf*

Gibt es Ermäßigungen für ...?	Is there a discount for ...? [iz ðeər ə 'diskaunt fɔ:]
... Familien	... families ['fämliz]
... Gruppen	... groups [gru:ps]
... Kinder	... children ['tschildrən]
... Menschen mit Einschränkungen	... disabled people [dis'eibld pi:pl]
... Schüler:innen	... school children [sku:l 'tschildrən]
... Senior:innen	... senior citizens ['si:niə 'sitiznz]
... Studierende	... students ['stju:dnts]

Gibt es eine Führung auf Deutsch?	Is there a tour in German? [iz ðeər ə tuə in 'dʒö:mən]
Haben Sie einen Audioguide auf Deutsch?	Do you have a German audio guide? [du ju həv ə 'dʒö:mən 'ɔ:diəu gaid]
Was kostet der Audioguide?	How much is an audio guide? [hau matsch iz ən 'ɔ:diəu gaid]
Was kostet die Führung?	How much is the tour? [hau matsch iz ðə tuə]
Wie lange dauert die Führung?	How long does the tour take? [hau lɔng dəz ðə tuə teik]
Wo ist der Treffpunkt?	Where is the meeting place? [weə iz ðə 'mi:ting pleis]
Wann öffnet/schließt das Museum?	When does the museum open/close? [wen dəz ðə mju:'zi:əm 'əupn/kləus]
Darf ich hier (mit Blitz) fotografieren?	Can I take (flash) photos here? [kən ai teik fläsch 'fəutəuz hiə]
Muss ich meine Tasche abgeben?	Do I have to hand in my bag? [du ai həv tu händ in mai bäg]
Wo ist die Garderobe?	Where is the cloakroom? [weə iz ðə 'kləukrum]
Brauche ich eine Münze fürs Schließfach?	Do I need a coin for the locker? [du ai ni:d ə kɔin fɔ: ðə 'lɔkə]

KINO, THEATER & CO.

► siehe S. 112 *Ausgehen & feiern*

Ballett	ballet ['bälei]
Bar	bar [bɑ:]
Festival	festival ['festivl]
Freizeitpark	theme park [θi:m pɑ:k]
Kindertheater	children's theatre [tschildrənz 'θiətə]
Kinderkino	children's cinema [tschildrənz 'sinəmə]
Kino	cinema ['sinəmə]
Klub	club [klab]
Kneipe	pub [pab]
Konzert	concert ['kɔnsət]
Musical	musical ['mju:zikl]
Open-air-Kino	open-air cinema [əupən'eə 'sinəmə]
Open-air-Konzert	open-air concert [əupən'eə 'kɔnsət]
Oper	opera ['ɔprə]
Puppentheater	puppet theatre ['papit 'θiətə]

Revue	revue [ri'vju:]
Riesenrad	Ferris wheel ['färis wi:l]
Show	show [schəu]
Spielplatz	playground ['pleigraund]
Stripclub	strip club ['strip klab]
Swingerclub	swingers' club ['swingəz klab]
Theater	theatre ['θiətə]
Varieté	variety [və'raiəti]
Vernissage	opening (of an art exhibition) ['əupning əv ən ɑ:t eksi'bischn]
Zirkus	circus ['sö:kəs]

► siehe S. 115 *Ticketkauf*

AUF ENTDECKUNGSREISE

► siehe S. 26 *Unterwegs*

Ausflug/Tagesausflug	trip/day trip [trip/dei trip]
Bootsfahrt	boat trip [bəut trip]
Bustransfer	bus transfer [bas 'tränsfö:]
Ich würde gern einen Ausflug nach … machen.	I would like to take a trip to … [ai wud laik tu teik ə trip 'u:]

AUSFLUG IN DIE UMGEBUNG

Wie weit ist es bis …?	How far is it to …? [hau fɑ: iz it tu:]
Wie lange dauert die Fahrt?	How long does the journey last? [hau lɔng dəz ðə 'dʒö:ni lɑ:st]
Aussichtspunkt	lookout point ['lukaut pɔint]
Berge	mountains ['mauntinz]
Bucht	bay [bei]
Burg	castle [kɑ:sl]
Fluss	river ['rivə]
Freizeitpark	theme park [θi:m pɑ:k]
Grotte	grotto ['grɔtəu]
Höhle	cave(s) [keiv(z)]
Hütte	hut [hat]
Insel	island ['ailənd]
Lagune	lagoon [lə'gu:n]
Landschaft	countryside ['kantrisaid]
Meer	sea [si:]
Museum	museum [mju:'zi:əm]
Nationalpark	national park ['näschnəl pɑ:k]
Schloss	palace ['pälis]

Schlucht	gorge [gɔ:dʒ]
See	lake [leik]
Strand	beach [bi:tsch]
Tal	valley ['väli]
Tierpark	zoo [zu:]
Ufer	river bank ['rivə bänk]
Vulkan	volcano [vɔl'keinəu]
Wasserfall	waterfall ['wɔ:təfɔ:l]

WIE KOMMT MAN HIN?

Wie kommt man am besten zum …?	What's the best way to get to the …? [wɔts ðə best wei tu get tu ðə]
Kann man mit … fahren?	Can you go by … ? [kən ju gəu bai]
… dem Bus	… bus [bas]
… dem Zug	… train [trein]
… der Fähre	… ferry ['feri]
… dem Schiff	… ship [schip]
… dem Boot	… boat [bəut]
… dem Fahrrad	… bike [baik]
Welcher Bus fährt zum See?	Which bus goes to the lake? [witsch bas gəuz tu ðə leik]
Gibt es einen organisierten Ausflug?	Is there an organized trip? [iz ðeər ən 'ɔ:gnaizd trip]

RAST MACHEN

Berghütte	mountain hut ['mauntin hat]
Biergarten	beer garden [biə 'gɑ:dn]
Fernfahrerlokal	(motorway) service station [('məutəwei) 'sö:vis 'steischn]
Kneipe	pub [pab]
Landgasthof	country inn ['kantri in]
Picknickplatz	picnic spot ['piknik 'spɔt]
Restaurant	restaurant ['restrɔnt]

SPORT, SPASS & WELLNESS

Manche stehen auf Aktivurlaub zum Auspowern mit Rafting, Paragliding oder Mountainbiken, während andere es lieber ruhiger angehen lassen und einen Malkurs machen oder sich im Wellness-Spa entspannen. Egal, zu welchem Urlaubstyp du gehörst: Diese Begriffe helfen dir, deine Reise maximal zu genießen.

IM SCHWIMMBAD

Babybecken	baby pool [ˈbeibi pu:l]
Badekappe	swimming cap [ˈswiming käp]
Badelatschen	flip-flops [ˈflipflɔps]
Badebekleidung	swimwear [ˈswimweə]
Bahnen schwimmen	to swim laps [tu swim läps]
Beachvolleyball	beach volleyball [bi:tsch ˈvɔlibɔ:l]
Beckenrand	poolside [ˈpu:lsaid]
Dusche	shower [ˈschauə]
Erlebnisbad	water park [ˈwɔ:tə pɑ:k]
Fön	hairdryer [ˈheədraiə]
Freibad	outdoor pool [ˈautdɔ: pu:l]
Hallenbad	indoor pool [ˈindɔ: pu:l]
Handtücher	towels [ˈtauəlz]
Kinderbecken	children's pool [ˈtschildrənz pu:l]

Naturbad	swimming hole ['swiming həul]
Nichtschwimmerbecken	non-swimmer pool [nɔn'swimə pu:l]
Rutsche	slide [slaid]
Sauna	sauna ['sɔ:nə]
Schließfach	locker ['lɔkə]
Schwimmbad/Pool	swimming pool/pool ['swiming pu:l/pu:l]
Schwimmbecken	swimming pool ['swiming pu:l]
Schwimmbrille	goggles ['gɔglz]
Schwimmflügel	armbands ['ɑ:mbändz]
Schwimmmeister/Aufsicht	pool attendant/lifeguard [pu:l ə'tendnt/'laifgɑ:d]
Solarium	solarium [sə'leəriəm]
Sprungbrett	diving board ['daiving bɔ:d]
Sprungturm	diving platform ['daiving 'plätfɔ:m]
Umkleidekabine	changing room ['tscheindʒing ru:m]
Wassergymnastik	aqua aerobics ['äkwə eə'rəubiks]
Wassertemperatur	water temperature ['wɔ:tə 'temprətschə]
Wellenbad/Wellenbecken	wave pool [weiv pu:l]
Whirlpool	whirlpool ['wö:lpu:l]
Nicht vom Beckenrand springen!	No jumping! [nəu 'dʒamping]
Rennen verboten!	No running! [nəu 'raning]

Ich möchte schwimmen.	I would like to go swimming. [ai wud laik tu gəu ˈswiming]
Gibt es ein Schwimmbad in der Nähe?	Is there a swimming pool nearby? [iz ðeər ə ˈswiming pu:l niəˈbai]

AM STRAND

Felsen	rocks [ˈrɔks]
FKK-Strand	nudist beach [ˈnju:dist bi:tsch]
Kiesstrand	pebble beach [pebl bi:tsch]
Rettungsschwimmer	lifeguard [ˈlaifgɑ:d]
Sandstrand	sandy beach [ˈsändi bi:tsch]
Strand	beach [bi:tsch]
Strandkorb	beach hut [bi:tsch hat]
Umkleidekabinen	changing rooms [ˈtscheindʒing ru:mz]
Wellen	waves [ˈweivz]

INSIDER-TIPP
GUT ZU WISSEN

FKK & HAIE

In den USA ist das Sonnenbaden „oben ohne" (*topless sunbathing* [ˈtɔpləs ˈsanbeiðing]) fast überall verboten! Es gibt zwar FKK-Strände, aber sie sind meist sehr weit abgelegen. In den wärmeren Gewässern der USA (Florida und Kalifornien) sowie Südafrikas solltest du unbedingt auf Warnhinweise bezüglich Haie (*sharks* [ˈschɑ:ks]) achten und die Anweisungen der Rettungsschwimmer (*lifeguards* [ˈlaifgɑ:dz]) immer befolgen!

Wann ist Ebbe?	When is low tide? [wen iz ləu taid]
Wann kommt die Flut?	When is high tide? [wen iz hai taid]
Ist es an dieser Stelle sicher?	Is it safe here? [iz it seif hiə]
Ist die Strömung hier stark/ gefährlich?	Is the current here strong/dangerous? [iz ðə 'karnt hiə strɔng/'deindʒərəs]
Kann man hier Liegestühle/ Sonnenschirme mieten?	Can I hire sun loungers/parasols here? [kən ai 'haiə san 'laundʒəz 'pärəsɔlz hiə]

IM & AUF DEM WASSER

MIT BOOT & BRETT

Wo kann ich … ausleihen?	Where can I hire …? [weə kən ai 'haiə]
… ein Boot	… a boat [ə bəut]
… ein SUP-Board	… a SUP board [ə äsjupi: bɔ:d]
… Kajaks	… kayaks ['kaiäks]
… Kanus	… canoes [kə'nu:z]
… Surfboards	… surfboards ['sö:fbɔ:dz]
Wo kann man hier … fahren?	Where can you hire a … ? [weə kən ju haiə ə]
… Bananaboot	… banana boat [bə'nɑ:nə bəut]
… Jetski	… jet ski ['dʒet ski:]
… Tretboot	… pedalo ['pedləu]
… Wakeboard	… wakeboard [weik bɔ:d]
… Wasserski	… water-skiing ['wɔ:tə 'ski:ing]
Wo kann man hier …?	Where can you … here? [weə kən ju]
… Kitesurfen	… go kite surfing [gəu kait 'sö:fing]
… Parasailing machen	… go parasailing [gəu 'pärəseiling]
… Rafting machen	… go rafting [gəu 'rɑ:fting]
… rudern	… go rowing [gəu 'rəuing]
… segeln	… go sailing [gəu 'seiling]
… Windsurfen	… go surfing/windsurfing [gəu 'sö:fing/'windsö:fing]

ABTAUCHEN

Atemregler	diving regulator ['daiving 'regjuleitə]
Bleigewichte	lead weights [led weits]
Druckluftflaschen	compressed air bottles [kəm'prest eə bɔtlz]
Flossen	flippers ['flipəz]
Gerätetauchen	scuba diving ['sku:bə 'daiving]
Höhlentauchen	cave diving [keiv 'daiving]
Schnorchel	snorkel ['snɔ:kl]
schnorcheln	snorkelling ['snɔ:kling]

Tarierweste	buoyancy control devise (BCD) ['bɔinsi kon'trəul 'divais (bisidi)]
tauchen	diving ['daiving]
Taucheranzug	diving suit ['daiving sju:t]
Tauchermaske	diving mask ['daiving mɑ:sk]
Tauchschule	diving school ['daiving sku:l]
Wracktauchen	wreck diving [rek 'daiving]
Wo kann man hier tauchen?	Where can you go diving here? [weə kən ju gəu 'daiving hiə]
Ich möchte einen Tauchschein machen.	I would like to get my diving certificate. [ai wud laik tu get mai 'daiving sə'tifikət]
Bieten Sie Schnuppertauchen an?	Do you offer trial diving? [du ju ɔfə 'traiəl 'daiving]
Ab wie viel Jahren darf man tauchen?	How old do you have to be to go diving? [hau əuld du ju həv tu bi tu gəu 'daiving]
Wie viele Tauchgänge machen Sie?	How many dives are you doing? [hau 'meni 'daivz ɑ: ju 'du:ing]
Fährt man mit einem Boot raus?	Do you go out in a boat? [du ju gəu aut in ə bəut]
Geht man vom Strand aus ins Wasser?	Do you go into the water from the beach? [du ju gəu 'intu: ðə 'wɔ:tə frəm ðə bi:tsch]

TRENDSPORTARTEN

Airboarding	airboarding [eə 'bɔ:ding]
Badminton	badminton ['bädmintn]
Boccia	bowls [bəulz]
Bogenschießen	archery ['ɑ:tschəri]
Boulderhalle	bouldering hall ['bəuldring hɔ:l]
Bouldern	bouldering ['bəuldring]
Bungeespringen	bungee jumping ['bandʒi 'dʒamping]
Fallschirmspringen	parachute jumping ['pärəschu:t 'dʒamping]
Frisbee	frisbee ['frizbi]
Heißluftballon	hot air balloon [hɔt eə bə'lu:n]
Hochseilgarten	high ropes course [hai rəups kɔ:s]
House-Running	rap jumping [räp 'dʒamping]
Laser Tag	laser tag ['leizə täg]
Paintball	paintball ['peintbɔ:l]
Paragliding	paragliding ['pärəglaiding]
Parkour	parkour [pɑ:'kuə]
Plogging	plogging ['plɔging]

Rollschuhlaufen	roller skating ['rəulə 'skeiting]
Segelfliegen	gliding ['glaiding]
Snowboarding	snowboarding ['snəubɔ:ding]
Wakeboard	wakeboarding ['weikbɔ:ding]

WANDERN & KLETTERN

Klettergruppe	climbing group ['klaiming gru:p]
Klettern	climbing ['klaiming]
Nordic Walking	Nordic walking ['nɔ:dik 'wɔ:king]
Steilwand	steep face [sti:p feis]
Trekking	trekking ['treking]
Wandern	hiking ['haiking]
Wandergruppe	hiking group ['haiking gru:p]
Wanderung	hiking ['haiking]
Bergwanderung	mountain hike ['mauntin haik]
Gipfelwanderung	summit hike ['samit haik]
Gratwanderung	ridge walking [ridʒ 'wɔ:king]
leichte/mittelschwere/schwere Wanderung	easy/medium/difficult (hiking) route ['i:zi/'mi:diəm/'difiklt ('haiking) ru:t]

AUSRÜSTUNG

Kompass	compass ['kampəs]
Regenjacke	raincoat ['reinkəut]
Rucksack	backpack ['bäkpäk]
Trinkwasser	drinking water ['drinking 'wɔ:tə]
Verpflegung	board [bɔ:d]
Wanderkarte	hiking map ['haiking mäp]
Wanderschuhe	hiking shoes ['haiking schu:z]
Wandersocken	hiking socks ['haiking sɔks]
Wanderstock/Nordic Walking-Stöcke	hiking sticks/Nordic walking sticks ['haiking stiks/'nɔ:dik 'wɔ:king stiks]
wasserdicht	watertight ['wɔ:tətait]

AUF DEM WEG

Berg	mountain ['mauntin]
bergab	uphill ['aphil]
bergauf	downhill ['daunhil]
Bergkamm	mountain ridge ['mauntin ridʒ]
Beschilderung	signposts ['sainpəusts]
ebene Strecke	flat route [flät ru:t]

Etappe	leg [leg]
Gebirgspass	mountain pass ['mauntin pa:s]
Gefälle	descent [di'sent]
Gipfel	summit ['samit]
Gletscher	glacier ['gläsiə]
Höhenkrankheit	altitude sickness ['ältitju:d 'siknəs]
Hütte	hut [hat]
Klettersteig	fixed-rope route [fikst'rəup ru:t]
Nationalpark	national park ['näschnəl pa:k]
Pfad	path [pa:θ]
Pilgerweg	pilgrim trail ['pilgrim treil]
Schwierigkeitsgrad	difficulty level ['difiklti 'levl]
Schwindel	dizziness ['dizinis]
schwindelfrei sein	a good head for heights [ə gud hed fɔ: haits]
schwindelig	dizzy ['dizi]
Steigung	ascent [ə'sent]
steil	steep [sti:p]
Tal	valley ['väli]
trittfest	stable (route) [steibl (ru:t)]
Wanderroute/-tour	hiking route/tour ['haiking ru:t/tuə]
Wanderweg	hiking route ['haiking ru:t]

ANGEKOMMEN

Berghütte	mountain hut ['mauntin hat]
Isomatte	sleeping mat ['sli:ping mät]
Unterstand	shelter ['scheltə]
Schlafsack	sleeping bag ['sli:ping bäg]
Zelt	tent [tent]

Gibt es geführte Wanderungen?	Are there guided hikes? [a: ðeə 'gaidid haiks]
Wo ist der Startpunkt?	Where is the starting point? [weə iz ðə 'sta:ting pɔint]
Wie lang ist die Route?	How long is the route? [hau lɔng iz ðə ru:t]
Wie viele Kilometer?	How many kilometres? [hau meni 'kiləmi:təz]
Wie viele Höhenmeter?	What is the altitude difference? [wɔt iz 'ði 'ältitju:d 'difərns]
Wie viele Stunden?	How many hours? [hau 'meni auəz]
Gibt es eine Einkehrmöglichkeit?	Is there a place to take a break? [iz ðeər ə pleis tu teik ə breik]
Können Sie eine Wanderung empfehlen?	Can you recommend a hiking route? [kən ju rekə'mend ə 'haiking ru:t]

Gibt es Alpaka-Wanderungen/ Esel-Wanderungen? — Can we go alpaca/donkey trekking? [kən wi gəu äl'päkə/'dɔnki 'treking]

Ich habe mich verlaufen. — I'm lost. [aim lɔst]

Führt dieser Weg nach …? — Does this path lead to …? [dəz ðis pɑ:θ li:d tu]

Können Sie mir auf der Karte zeigen, wo wir sind? — Please can you show me where we are on the map? [pli:z kən ju schəu mi weə wi ɑ:r ɔn ðə mäp]

FAHRRAD & CO.

Bremsen — brakes [breiks]
  Felgenbremsen — calliper brakes ['kälipə breiks]
  Scheibenbremsen — disc brakes [disk breiks]
  Trommelbremsen — drum brakes [dram breiks]
Citybike — city bike ['siti baik]
E-Bike — e-bike [i:'baik]
Fahrrad… — cycle … [saikl]
  …helm — … helmet ['helmət]
  …karte — … map [mäp]
  …kette — … chain [tschein]
  …mantel — … tyre ['taiə]
  …schlauch — … inner-tube ['inə tju:b]
  …schloss — … lock [lɔk]
  …weg — … lane ['lein]

Flickzeug	puncture repair kit ['panktschə ri'peə kit]
Gravelbike	gravel bike ['grävl 'baik]
Luftpumpe	pump [pamp]
Mountainbike	mountain bike ['mauntin baik]
Rennrad	race bike [reis baik]
Trekkingbike	trekking bike ['treking baik]

RUND UMS RAD

Damen-/Herren-/Kinderrad	women's/men's/children's bike ['wiminz/'menz/'tschildrənz baik]
E-Scooter	e-scooter [i:'sku:tə]
Segway	Segway ['segwei]
Ich brauche …	I need … [ai ni:d]
… einen Helm.	… a helmet. [ə 'helmət]
… ein (Fahrrad)schloss.	… a (bike) lock. [ə (baik) lɔk]
Wie viele Gänge hat die Gangschaltung?	How many gears does it have? [hau 'meni giəz dəz it həv]
Der Reifen braucht Luft/ist platt.	The tyres need pumping up/are flat. [ðə 'taiəz ni:d 'pamping ap/ɑ: flät]
Haben Sie eine Luftpumpe?	Do you have a pump? [du ju həv ə pamp]

MIT MOTOR

Motorrad	motorbike ['məutəbaik]
Motorroller	motor scooter ['məutə 'sku:tə]
Quad	quadbike ['kwɔdbaik]

WEITERE SPORTARTEN

Wo kann ich …?	Where can I …? [weə kən ai]
… angeln	… go fishing [gəu 'fisching]
… Basketball spielen	… play basketball [plei 'bɑ:skitbɔ:l]
… Boccia spielen	… play bowls [plei bəulz]
… Fußball spielen	… play soccer [plei 'sɔkə]
… Golf spielen	… play golf [plei gɔlf]
… Inlineskaten	… go inline skating ['gəu 'inlain 'skeiting]
… joggen	… go jogging [gəu 'dʒɔging]
… Minigolf spielen	… play mini golf [plei 'mini gɔlf]
… reiten	… go horse riding [gəu hɔ:s 'raiding]
… Schach spielen	… play chess [plei tsches]

... Tennis spielen	... play tennis [plei 'tenis]
... Tischtennis spielen	... play table tennis [plei teibl 'tenis]
... Trampolinspringen	... go trampolining [gəu 'trämpəli:ning]
... Volleyball spielen	... play volleyball [plei 'vɔlibɔ:l]

SPORTGERÄTE AUSLEIHEN

Wo kann ich ... leihen?	Where can I hire ...? [weə kən ai haiə]
Was kostet die Ausleihe pro Stunde/Tag?	How much is hire charge per day/hour? [hau matsch iz 'haiə tschɑ:dʒ pö: dei/'auə]
Bis wann muss ich ... zurückbringen?	When do I need to bring the ... back? [wen du ai ni:d tu bring ðə ... bäk]
... das Fahrrad	... bike [baik]
... das Kajak	... kayak ['kaiäk]
... das Surfbrett	... surfboard ['sö:fbɔ:d]
Kann ich mir die Ausrüstung leihen?	Can I hire equipment? [kən ai 'haiə i'kwipmənt]

INSIDER-TIPP
GUT ZU WISSEN

LET'S PLAY BALL

Ballspiele haben in Amerika ein sehr anständiges Image. „Lass uns Ball spielen" (*let's play ball* [lets plei bɔ:l]) heißt daher auch: „Lasst uns fair und korrekt vorgehen."

WINTERSPORT

Bergstation	mountain station ['mauntin steischn]
Lift/Schlepplift	lift/draglift [lift/'dräglift]
Skipass/Tagespass/ Wochenpass	ski pass/day pass/weekly pass [ski: pa:s/dei pa:s/'wi:kli pa:s]
Talstation	valley station ['väli 'steischn]

IM SCHNEE

(Alpin-)Ski fahren	(Alpine) skiing [('älpain) 'ski:ing]
Abfahrt	ski run ['ski: 'ran]
Après-Ski	après ski [ə'präi ski:]
gespurt	groomed [gru:md]
Langlauf	cross-country [krɔs'kantri]
Loipe	cross-country ski trail [krɔs'kantri ski: treil]
Piste	piste [pi:st]
Rodelbahn	toboggan run [tə'bɔgn ran]
Rodeln	tobogganing [tə'bɔgning]
Schlitten	sledge [sledʒ]
Schnee	snow [snəu]
Schneeschuhwanderung	snowshoe tour ['snəuschu: tuə]
Ski-Hütte	ski hut [ski: hat]
Snowboard	snowboard ['snəubɔ:d]
Winterwanderung	winter hike ['wintə haik]

AUSRÜSTUNG

Monoski	monoski [mɔnəski:]
Skibrille	ski goggles [ski: 'gɔglz]
Skier	skier [ski:ə]
Skistöcke	ski poles [ski: pəulz]

Wo kann ich … ausleihen?	Where can I hire …? [weə kən ai 'haiə]
… Schlittschuhe	… ice skates [ais skeits]
… Skier	… skis [ski:z]
… ein Snowboard	… a snowboard [ə 'snəubɔ:d]
… Snowboardschuhe	… snowboard shoes ['snəubɔ:d schu:z]
… einen Snowboardhelm	… a snowboard helmet [ə 'snəubɔ:d 'helmət]
Wann fährt die erste/letzte Bahn/Gondel?	When is the first/last train/cable car? [wen iz ðə fö:st/la:st trein/keibl ka:]

AUF DEM EIS

Eisstockschießen	curling ['kö:ling]
Eisbahn	ice rink [ais rink]
Eisstadion	ice arena [ais ə'ri:nə]
Schlittschuh laufen	ice skating [ais 'skeiting]

IM FREIZEITPARK

Achterbahn	rollercoaster ['rəulə 'kəustə]
Bällebad	ball pond [bɔ:l pɔnd]
Fahrgeschäft	ride [raid]
Grusel-Kabinett	chamber of horrors ['tscheimbə əv 'hɔrəz]
Hüpfburg	bouncy castle ['baunsi kɑ:sl]
Karussell	carousel [kärə'sel]
Kirmes	funfair ['fanfeə]
Labyrinth	labyrinth ['läbərinθ]
Schaubude	show booth [schəu bu:ð]
Spiegel-Kabinett	hall of mirrors [hɔ:l əv 'mirəz]
Spielautomat	slot machine [slɔt mə'schi:n]
Themenpark	theme park [θi:m pɑ:k]
Vergnügungspark	amusement park [ə'mju:zmənt pɑ:k]
Volksfest	fair [feə]
Wasserbahn	water ride ['wɔ:tə raid]
Wasserpark	water park ['wɔ:tə pɑ:k]

ZUM KURS ANMELDEN

Für Anfänger:innen/ Fortgeschrittene	For beginners/advanced learners [fɔ: bi'ginəz/əd'vɑ:nst 'lö:nəz]
Wo kann ich … machen?	Where can I do …? [weə kən ai du]
… einen Sprachkurs	… a language course [ə 'länggwidʒ kɔ:s]
… einen Malkurs	… an art class [ən ɑ:t klɑ:s]
Aquarellmalerei	watercolour painting ['wɔ:təkalə 'peinting]
Ölmalerei	oil painting [ɔil 'peinting]
Seidenmalerei	silk painting [silk 'peinting]
… einen Tanzkurs	… a dance class [ə dɑ:ns klɑ:s]
Standardtänze	standard ballroom dancing ['ständəd 'bɔ:lrum 'dɑ:nsing]
Salsa	salsa ['sälsə]
Hiphop	hip-hop ['hiphɔp]
Zumba	Zumba ['zumbə]

Töpfern	pottery ['pɔtəri]
Schmuckdesign	jewellery design ['dʒu:lri di'zain]
Sind Vorkenntnisse erforderlich?	Do I need any previous experience? [du ai ni:d 'eni 'pri:viəs ik'spiərins]
Was muss ich mitbringen?	What do I need to bring? [wɔt du ai ni:d tu bring]
Was kostet der Kurs?	How much does the course cost? [hau matsch dəz ðə kɔ:s kɔst]
Kostet das Material extra?	Do the materials cost extra? [du ðə mə'tiəriəlz kɔst 'ekstrə]
Wo/Bis wann kann ich mich anmelden?	Where can I register?/When should I register by? [weə kən ai 'redʒistə/wen schəd ai 'redʒistə bai]

WELLNESS & ENTSPANNUNG

AUSZEIT

Energie	energy ['enədʒi]
Entspannung	relaxation [ri:läk'seischn]
Erholung	recreation [rekri'eischn]
Meditation	meditation [medi'teischn]
Natur	nature ['neitschə]
Stille	stillness ['stilnəs]
Yoga	yoga ['jəugə]
Yogalehrer:in	yoga teacher ['jəugə 'ti:tschə]
Yogamatte	yoga mat ['jəugə mät]
Yogaraum	yoga studio ['jəugə 'stju:diəu]
Gibt es im Hotel ... ?	Is there a ... in the hotel? [iz ðeər ə ... in ðə həu'tel]
... ein Spa	... spa [spɑ:]
... einen Fitnessbereich	... gym [dʒim]
... einen Pool	... pool [pu:l]
... ein Massageangebot	... masseuse [mä'sö:z]
... einen Wellnessbereich	... wellness area ['welnəs 'eəriə]

IN BEWEGUNG

Fitnessstudio	gym [dʒim]
Gerätetraining	equipment training [i'kwipmənt 'treining]
Gewichte	weights [weits]
Pilates	Pilates [pə'lɑ:ti:z]
Stepper	stepper ['stepə]

Spinning	spinning ['spining]
Workout	workout ['wö:kaut]
Yoga	yoga ['jəugə]
Zumba	Zumba ['zumbə]

MIT WASSER

Hamam/Dampfbad	hammam/steam bath ['hama:m/sti:m ba:θ]
Jacuzzi/Whirlpool	Jacuzzi/Whirlpool/hot tub [dʒə'ku:zi/'wö:lpu:l/hɔt tab]
Sauna	sauna ['sɔ:nə]
Thermalbad	thermal spa/hot springs ['θö:məl spa:/hɔt springz]

BEAUTYPROGRAMM

Augenbrauen färben	eyebrow tinting ['aibrau 'tinting]
Augenbrauen zupfen	eyebrow shaping ['aibrau 'scheiping]
Ausreinigung	deep cleansing [di:p 'klenzing]
Fußpflege	pedicure ['pedikjuə]
Gesichtsbehandlung	facial treatment ['feischl 'tri:tmənt]
Grundbehandlung	basic treatment ['beisik 'tri:tmənt]
Haarentfernung	hair removal [heə ri'mu:vl]
Maniküre	manicure ['mänikjuə]
Massage	massage ['mäsa:ʒ]
Fußmassage	foot massage [fut 'mäsa:ʒ]
Ganzkörpermassage	full-body massage [ful 'bɔdi 'mäsa:ʒ]
Kopfmassage	head massage [hed 'mäsa:ʒ]
Rückenmassage	back massage [bäk 'mäsa:ʒ]
Pediküre	pedicure ['pedikjuə]
Permanent Make-up	permanent make-up ['pö:mənənt 'meikap]
Wimpernverlängerung	eyelash extensions ['ailäsch ik'stenschnz]

BEIM FRISEUR

Friseur:in	hairdresser ['heədresə]
schneiden	to cut [tu kat]
stufig	layered ['leiəd]
Schulterlänge	shoulder length ['schəuldə lengθ]
Kinnlänge	chin length [tschin lengθ]
Kurzhaarschnitt	short haircut [schɔ:t 'heəkat]
Bob	bob [bɔb]
waschen	to wash [tu wɔsch]
föhnen	to blow dry [tu bləu drai]

stylen	to style [tu stail]
färben/tönen	to dye/tone [tu dai/təun]
Strähnen	highlights ['hailaits]
rasieren	to shave [tu scheiv]
Ich hätte gern einen Termin zum Haare schneiden.	I would like to make an appointment for a haircut. [ai wud laik tu meik ən ə'pɔintmənt fɔ: ə 'heəkat]
Nur die Spitzen schneiden.	Just a trim, please? [dʒast ə trim]
Bitte Stufen schneiden.	Please can you do layers? [pli:z kən ju du 'leiəz]
Nur den Pony kürzen.	Just trim my fringe, please. [dʒast trim mai frindʒ pli:z]
Nicht zu kurz.	Not too short. [nɔt tu: schɔ:t]
Noch kürzer.	A bit shorter. [ə bit 'schɔ:tə]
Bart stutzen.	to trim a beard [tu trim ə biəd]

KINDERBESPASSUNG

Familienhotel	family hotel ['fämli həu'tel]
Kinderbetreuung	childcare ['tschaildkeə]
kindgerecht	child friendly [tschaild 'frendli]
familienfreundlich	family friendly ['fämli 'frendli]

INSIDER-TIPP
GUT ZU WISSEN

SPIELPLÄTZE

In Großbritannien liegen Spielplätze meist in Parks, selten in Wohngebieten. Dorthin muss man zwar ein bisschen fahren, dafür wird man mit Toiletten, Picknickplätzen und mitunter auch einem Café entlohnt. Auch ein Eiswagen darf in den Parks nicht fehlen. An denen bekommt ihr das typische Softeis im Hörnchen – gekrönt mit einem Cadbury Flake Schokoriegel. Es wird bestellt als *a ninety nine Flake, please* [ə 'nainti nain fleik pli:z].

Wann kann ich mein Kind abholen?	When can I pick up my child? [wen kən ai pik ap mai tschaild]
Kann ich hier einen Babysitter buchen?	Can I book a babysitter here? [kən ai buk ə 'beibisitə hiə]
Gibt es ein Kinderprogramm?	Is there a kids' club? [iz ðeər ə kidz klab]
Gibt es einen Spielplatz?	Is there a playground? [iz ðeər ə 'pleigraund]
Gibt es ein familienfreundliches Restaurant?	Is there a family-friendly restaurant? [iz ðeər ə 'fämli 'frendli 'restrɔnt]
Was kostet der Eintritt für Kinder?	How much is the admission for children? [hau matsch iz ði əd'mischn fɔ: 'tschildrən]

SPIELPLATZ

Abenteuerspielplatz	adventure playground [əd'ventschə 'pleigraund]
Bolzplatz	kickabout area ['kikəbaut 'eəriə]
Fußballplatz	football pitch ['futbɔ:l pitsch]
Hallenspielplatz	indoor playground [in'dɔ: 'pleigraund]
Hängematte	hammock ['hämək]
Karussell	carousel [kärə'sel]
Klettergerüst	climbing frame ['klaiming freim]
Reck	bars [bɑ:z]
Rutsche	slide [slaid]
Sandkasten	(BE) sandpit ['sändpit]; (AE) sandbox ['sändbɔks]
Sandspielzeug	sand toys [sänd tɔiz]
Schaukel	swing [swing]
Spielhaus	play house [plei haus]
Tischtennisplatte	table tennis table [teibl 'tenis teibl]
Trampolin	trampoline ['trämpli:n]
Wippe	see-saw [si: sɔ:]

IM WASSER

aufblasbare Wassertiere	inflatables [in'fleitəblz]
Luftmatratze	lilo ['lailəu]
Planschbecken	paddling pool ['pädling pu:l]
Schwimmflügel	armbands ['ɑ:mbändz]
Schwimmhilfen	floatation aids [fləu'teischn eidz]
Schwimmring	swimming ring ['swiming ring]
Wasserrutsche	water slide ['wɔ:tə slaid]

GESUNDHEIT

Auch im Urlaub kann es leider mal vorkommen, dass du krank wirst oder dich verletzt. Hast du dann das entsprechende Fachvokabular parat, bist du in der Arztpraxis oder im Krankenhaus sprachlich für kleine und große medizinische Notfälle gewappnet.

NOTFÄLLE

Notfallnummer	emergency number: (BE) 999 | (AE) 911 [nain nain nain | nain wan wan]
Ich brauche Hilfe!	I need help! [ai niːd help]
Wir brauchen einen Krankenwagen/Notarzt.	We need an ambulance/a doctor. [wi niːd ən ˈämbjuləns/ə ˈdɔktə]
Bitte rufen Sie …!	Call …! [kɔːl]
… die Polizei	… the police [ðə pəˈliːs]
… einen Krankenwagen	… an ambulance [ən ˈämbjuləns]
… einen Notarzt	… a doctor [ə ˈdɔktə]
Es gibt zwei Verletzte.	Two people are injured. [tuː ˈpiːpl ɑːr ˈindʒəd]
allergischer Schock	allergic reaction/anaphylactic shock [əˈlöːdʒik riˈäkschn/änəfiˈläktik schɔk]
Atemnot	difficulty in breathing [ˈdifiklti in ˈbriːðing]
bewusstlos	unconscious [anˈkɔnschəs]
epileptischer Anfall	epileptic seizure [epiˈleptik ˈsiːʒə]

Erste Hilfe	first aid [fö:st 'eid]
Herzinfarkt	heart attack [hɑ:t ə'täk]
Schlaganfall	stroke [strəuk]
Unfall	accident ['äksidnt]

ERSTE HILFE

Die Person atmet.	They're breathing. [ðeə 'bri:ðing]
Die Person atmet nicht.	They're not breathing. [ðeə nɔt 'bri:ðing]
Die Person reagiert nicht.	They're not responding. [ðeə nɔt ri'spɔnding]
Die Person ist ansprechbar.	They're responsive. [ðeə ri'spɔnsiv]
Die Person ist nicht ansprechbar.	They're not responsive. [ðeə nɔt ri'spɔnsiv]
Was ist passiert?	What happened? [wɔt 'häpnd]
Haben Sie Schmerzen?	Are you in pain? [ɑ: ju in pein]
Der Krankenwagen ist auf dem Weg.	The ambulance is on its way. [ði 'ämbjuləns iz ɔn its wei]
Ich bleibe bei Ihnen bis der Krankenwagen kommt.	I'll stay until the ambulance arrives. [ail stei an'til ði 'ämbjuləns ə'raivz]
Soll ich jemanden benachrichtigen?	Can I contact anyone for you? ['kən ai 'kɔntäkt 'eniwan fɔ: ju:]
Alles wird gut.	Everything's going to be okay. ['evriθingz 'gəuing tu bi: əu'kei]
stabile Seitenlage	recovery position [ri'kavəri pə'zischn]
Herzdruckmassage	cardiac massage ['kɑ:diäk 'mäsɑ:ʒ]

Decke	blanket ['blänkit]
Feuerlöscher	fire extinguisher [faiə ik'stingwischə]

IN DER APOTHEKE

Wo ist die nächste Apotheke?	Where is the nearest pharmacy? [weə iz ðə 'niəist 'fɑ:məsi]
Apotheken-Notdienst	out-of-hours pharmacy [aut əv auəz 'fɑ:məsi]
Haben Sie ein Mittel gegen ...?	Do you have anything for ...? [du ju həv 'eniθing fɔ:]
... Allergie	... allergies ['älədʒiz]
... Augenentzündung	... an eye infection [ən ai in'fekschn]
... Ausschlag	... a rash [ə räsch]
... Blasen	... blisters ['blistəz]
... Blasenentzündung	... a urinary tract infection [ə 'juərinəri träkt in'fekschn]
... Blähungen	... bloating ['bləuting]
... Durchfall	... diarrhoea [daiə'ri:ə]
... Entzündungen	... inflammation [inflə'meischn]
... Fieber	... fever ['fi:və]
... Fußpilz	... athlete's foot ['äθli:ts 'fut]
... Halsschmerzen	... a sore throat [ə sɔ: 'θrəut]
... Heuschnupfen	... hay fever [hei 'fi:və]
... Hexenschuss	... lumbago [lam'beigəu]
... Husten	... a cough [ə kɔf]
... Insektenstiche	... insect bites ['insekt 'baits]
... Juckreiz	... itching ['itsching]
... Kater	... a hangover [ə 'hängəuvə]
... Kopfschmerzen	... a headache [ə 'hedeik]
... Magenschmerzen	... a stomach ache [ə 'stamək 'eik]
... Menstruationsbeschwerden	... period pain [piəriəd 'pein]
... Muskelkater	... sore muscles [sɔ: 'maslz]
... Muskelkrämpfe	... muscle cramps [masl 'krämps]
... Ohrenschmerzen	... an earache [ən 'iəreik]
... Pickel	... spots [spɔts]
... Rückenschmerzen	... back pain [bäk pein]
... Scheidenpilz	... thrush [θrasch]
... Schmerzen	... pain [pein]
... Schnupfen	... colds [kəuldz]
... Sodbrennen	... heartburn ['hɑ:tbö:n]
... Sonnenbrand	... sunburn ['sanbö:n]

... Sonnenstich	... sunstroke ['sanstrəuk]
... Übelkeit/Erbrechen	... nausea/vomiting ['nɔ:ziə/ 'vɔmiting]
... Verspannungen	... muscle tension ['masl 'tenschn]
... Verstopfung	... constipation [kɔnsti'peischn]
... Zerrungen	... a pulled muscle ['ə 'puld 'masl]
Brauche ich ein Rezept?	Do I need a prescription? [du ai ni:d ə pri'skripschn]
Ist das rezeptfrei?	Is it over the counter? [iz it 'əuvə ðə 'kauntə]
Wie oft muss ich das Mittel nehmen?	How often do I have to take it? [hau 'ɔfən du ai həv tu teik it]
drei Mal täglich	three times a day [θri: taimz ə dei]
vor/nach den Mahlzeiten	before/after meals [bi'fɔ:/'ɑ:ftə mi:lz]
Können Sie mir einen ...arzt empfehlen?	Can you recommend a/an ...? [kən ju rekə'mend ə/ən]
► siehe S. 148 *Arztbesuch*	
Augentropfen	eye drops [ai 'drɔps]
Blasenpflaster	blister plasters ['blistə 'plɑ:stəz]
Blutdruckmessgerät	blood pressure monitor ['blad 'preschə 'mɔnitə]
Covid-Schnelltest	COVID rapid lateral flow test ['kəuvid 'räpid 'lätrl fləu test]
Desinfektionsmittel	disinfectant [disin'fektnt]
Fieberthermometer	thermometer [θə'mɔmitə]
FFP2-Maske	FFP2 ['äfäfpi tu:]
Medikament	medicine ['medsn]
Pflaster	plaster ['plɑ:stə]
Pille danach	the morning-after pill [ðə mɔ:ning'ɑ:ftə pil]
Salbe	ointment ['ɔintmənt]
Spritze	syringe/injection [si'rindʒ/in'dʒekschn]
Sprühpflaster	spray plaster [sprei 'plɑ:stə]
Tabletten	tablets ['täbləts]
Tropfen	drops [drɔps]
Verbandszeug	bandages ['bändidʒiz]
Wärmepflaster	heat plaster [hi:t 'plɑ:stə]
Wärmeumschläge	heated compress ['hi:tid 'kɔmpres]
Wärmflasche	hot-water bottle [hɔt'wɔ:tə 'bɔtl]
Wundsalbe	wound cream [wu:nd 'kri:m]
Zeckenpinzette	tick tweezers [tik 'twi:zəz]

ARZTBESUCH

Gibt es einen Arzt, der Deutsch spricht?	Is there a doctor who speaks German? [iz ðeər ə ˈdɔktə huː spiːks ˈdʒöːmən]
Wo ist die Praxis?	Where's the surgery? [weəz ðə ˈsöːdʒəri]
Wann ist Sprechstunde?	When are the opening hours? [wen ɑː ði ˈəupning auəz]
Allgemeinmediziner:in	general practitioner (GP) [ˈdʒenərl präkˈtischnə]
Augenarzt/-ärztin	ophthalmologist [ɔfθälˈmɔlədʒist]
Frauenarzt/-ärztin	gynaecologist [gainəˈkɔlədʒist]
Hautarzt/-ärztin	dermatologist [döːməˈtɔlədʒist]
HNO-Arzt/-ärztin	ENT doctor [ˈiːentiː ˈdɔktə]
Kinderarzt/-ärztin	paediatrician [piːdiəˈtrischn]
Orthopäde/Orthopädin	orthopaedic doctor [ɔːθəˈpiːdik ˈdɔktə]
Zahnarzt/-ärztin	dentist [ˈdentist]

IN DER PRAXIS

Gesundheitskarte	European Health Insurance Card (EHIC) [juərəˈpiːən helθ inˈschɔːrəns kɑːd]
Notfallsprechstunde	emergency consulting hours [iˈmöːdʒnsi kənˈsalting auəz]
Patient:in	patient [ˈpeischnt]
Sprechstunde	consulting hours [kənˈsalting auəz]
Sprechstundenhilfe	receptionist [riˈsepschənɪst]
Versicherung/Auslandskrankenversicherung	insurance/foreign travel health insurance [inˈschɔːrəns/ˈfɔrən ˈträvl helθ inˈschɔːrəns]
Wartezimmer	waiting room [ˈweiting ruːm]
Ich brauche einen Termin. Es ist dringend.	I need an appointment. It's urgent! [ai niːd ən əˈpɔintmənt its ˈöːdʒnt]
Ich habe keinen Termin, aber es ist ein Notfall.	I don't have an appointment, but it's an emergency. [ai dəunt həv ən əˈpɔintmənt bat its ən iˈmöːdʒnsi]
Wie lange muss ich warten?	How long will I have to wait? [hau lɔng wil ai həv tu weit]
Wie viele Patient:innen sind noch vor mir dran?	How many people are in front of me? [hau meni ˈpiːpl ɑːr in frant əv miː]

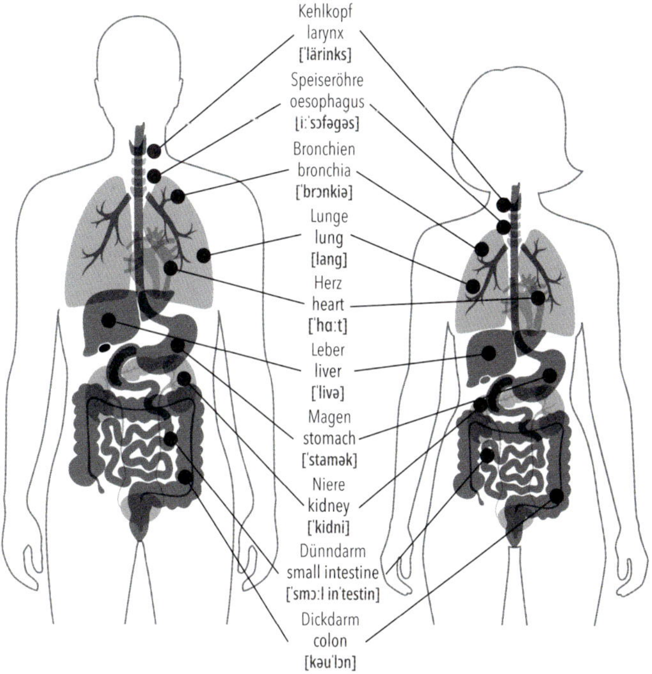

IN BEHANDLUNG

Beschwerden ► siehe S. 151 *Krankheiten & Beschwerden*	complaints [kəm'pleints]
Betäubung	anaesthetic [änəs'θetik]
Blutabnahme	blood sample [blad 'sa:mpl]
Blutdruck messen	to measure blood pressure [tu 'meʒər blad 'preschə]
Elektrokardiogramm (EKG)	electrocardiogram (ECG) [ilektrə'ka:diəgräm]
hoher Blutdruck	high blood pressure [hai blad 'preschə]
Krankenhaus	hospital ['hɔspitl]
Medikament	medicine ['medsn]
niedriger Blutdruck	low blood pressure [ləu blad 'preschə]
Rezept/Verordnung	prescription [pri'skripschn]
Spritze	syringe/injection [si'rindʒ/in'dʒekschn]

BEIM ZAHNARZT

Backenzahn	molar ['məulə]
bohren	to drill [tu: dril]
Eckzahn	canine ['keinain]
Füllung	filling ['filing]
Amalgamfüllung	amalgam filling [ə'mälgəm 'filing]
Kunststofffüllung	composite filling ['kɔmpəzit 'filing]
Karies	caries ['keəri:z]
linke/rechte Seite	left/right side [left/rait said]
Loch	cavity ['käviti]
oben	top [tɔp]
Schmerzen	pain [pein]
Schneidezahn	incisor [in'saizə]
unten	bottom ['bɔtm]
Weisheitszahn	wisdom tooth ['wizdəm tu:θ]
Zahnfleisch	gum(s) ['gam(z)]
Ich habe (starke) Zahnschmerzen.	I have (terrible) toothache. [ai həv 'terəbl 'tu:θeik]
Mir ist … abgebrochen.	I've broken … [aiv 'brəukn]
… ein Zahn	… a tooth. [ə tu:θ]
… eine Krone	… a crown. [ə kraun]
… ein Implantat	… an implant. [ən 'implɑ:nt]
Bitte mit/ohne Betäubung.	Please can I have an anaesthetic?/ No anaesthetic, thank you. [pli:z kən ai həv ən änəs'θetik/nəu änəs'θetik 'θänk 'ju:]
Ich bin Angstpatient:in.	I have a fear of dentists. [ai həv ə fiə əv 'dentists]

IM KRANKENHAUS

Aufnahme/Notfallaufnahme	(BE/AE) admissions/Accident & Emergency; (AE) Emergency Room (ER) [əd'mischnz/ 'äksidnt änd i'mö:dʒnsi/ɪ'mö:dʒnsi rum]
Besuchszeiten	visiting hours ['viziting auəz]
Cafeteria	cafeteria [käfə'tiəriə]
Chefarzt/-ärztin	senior consultant ['si:niə kən'saltnt]
Diagnose	diagnosis [daiəg'nəusis]
Einzelzimmer	single room ['singl ru:m]
Klingel	bell [bel]
Krankenschwester/-pfleger	nurse [nö:s]

Station	ward [wɔːd]
Stationsarzt/-ärztin	ward doctor [wɔːd ˈdɔktə]
Visite	round(s) [raund(z)]
Ich nehme Medikamente für/ gegen …	I'm taking medication for … [aim ˈteiking mediˈkeischn fɔː]
Ich nehme die Pille.	I'm on the pill. [aim ɔn ðə pil]
Wann werde ich entlassen?	When can I go home? [wen kən ai gəu həum]

KRANKHEITEN & BESCHWERDEN

Mein(e) … tut/tun weh. ▶ siehe *Abb.* S. 149	My … hurt(s). [mai ... hö:t(s)]
Mein … ist geschwollen.	My … is swollen. [mai ... iz ˈswəulən]
Ich kann mein(e) … nicht bewegen.	I can't move my … [ai kɑːnt muːv mai]
Ich kann mein(e) … nicht spüren.	I can't feel my … [ai kɑːnt fiːl mai]
Ich bekomme keine Luft.	I can't breathe. [ai kɑːnt briːð]
Ich ersticke.	I'm suffocating. [aim ˈsafəkeiting]
Ich bin allergisch gegen …	I'm allergic to … [aim əˈlöːdʒik tu]
Ich bin schwanger.	I'm pregnant. [aim ˈpregnənt]
Ich habe einen Herzschrittmacher.	I have a pacemaker. [ai həv ə ˈpeismeikə]
Ich bin Bluter:in.	I have haemophilia. [ai həv hiːməˈfiliə]
Ich bin Diabetiker:in.	I'm diabetic. [aim daiəˈbetik]
Ich bin Epileptiker:in.	I have epilepsy. [ai həv ˈepilepsi]
Ich habe …	I am having/am … [ai əm ˈhäving/əm)]
… Allergie	… allergy. [ˈälədʒi]
… Asthma	… asthma. [ˈäsmə]
… Atemnot	… difficulty breathing. [ˈdifiklti ˈbriːðing]
… Ausschlag	… a rash. [ə räsch]
… Bauchschmerzen	… abdominal pain. [äbˈdɔmənl pein]
… Blinddarmentzündung	… appendicitis. [əpendiˈsaitis]
… Bluthochdruck	… high blood pressure. [hai blad ˈpreschə]
… Blutungen	… bleeding. [ˈbliːding]
… Blutvergiftung	… sepsis. [ˈsepsis]
… Bronchitis	… bronchitis. [brɔngˈkaitis]
… Durchfall	… diarrhoea. [daiəˈriːə]
… (hohes) Fieber	… (high) fever. [(hai) ˈfiːvə]
… 39 Grad Fieber	… a 39°C fever. [ə ˈθöːti nain diˈgriːz ˈfiːvə]

… Gehirnerschütterung	… concussion. [kən'kaschn]
… Grippe	… flu. [flu:]
… Halsschmerzen	… sore throat. [sɔ: θrəut]
… Heiserkeit	… hoarse. [hɔ:s]
… Herzbeschwerden	… heart problems. [hɑ:t 'prɔbləmz]
… Herzinfarkt	… a heart attack. [ə hɑ:t ə'täk]
… Herzrasen	… heart palpitations. [hɑ:t pälpi'teischnz]
… Hörsturz	… lost my hearing. [lɔst mai 'hiəring]
… Husten	… cough. [kɔf]
… Ischias	… sciatica. [sai'ätikə]
… Juckreiz	… itching. ['itsching]
… Krampf	… a cramp. [ə krämp]
… Krebs	… cancer. ['känsə]
… Lähmung	… paralysis. [pə'räləsis]
… Lungenentzündung	… pneumonia. [nju:'məuniə]
… Magenschmerzen	… stomach ache. ['stamək eik]
… Migräne	… migraine. ['mi:grein]
… Ohrenschmerzen	… earache. ['iəreik]
… Rückenschmerzen	… back pain. [bäk pein]
… Schmerzen	… in pain. [in pein]
… Schüttelfrost	… chills. [tschilz]
… Schwellung	… a swelling. [ə 'sweling]
… Schwindel	… dizziness. ['dizinis]
… sich erbrechen	… vomiting. ['vɔmiting]
… Sodbrennen	… heartburn. ['hɑ:tbö:n]
… Sonnenstich	… sunstroke. ['sanstrəuk]
… Übelkeit	… nausea. ['nɔ:ziə]
… Unterleibsschmerzen	… lower abdominal pain. ['ləuə äb'dɔminəl pein]
… Verletzung	… an injury. [ən 'indʒəri]
… Wunde	… a wound. [ə wu:nd]
… Zeckenbiss	… a tick bite. [ə tik bait]
… Zyste	… a cyst. [ə sist]

Ich habe die Schmerzen/ die Beschwerden …	I've been in pain/had symptoms/It hurts. [aiv bi:n in pein/həd 'simptəmz/it 'hö:ts]
… seit drei Tagen	… for 3 days [fɔ: θri: deiz]
… beim Sprechen	… when I talk [wen ai tɔ:k]
… beim Schlucken	… when I swallow [wen ai 'swɔləu]
… bei Berührung/Druck	… when I put weight on it [wen ai put weɪt ɔn it]
… bei Ruhe	… when I'm resting [wen aim 'resting]
… beim Urinieren	… when I pee [wen ai pi:]

... beim Stuhlgang	... when I poo [wen ai pu:]
... wenn ich liege	... when I'm lying down [wen aim 'laiing daun]
... wenn ich gehe	... when I'm walking [wen aim 'wɔ:king]
... nach dem Essen	... after eating ['ɑ:ftə 'i:ting]
... morgens	... in the morning [in ðə 'mɔ:ning]
... tagsüber	... during the day ['djuəring ðə dei]
... nachts	... during the night ['djuəring ðə nait]
... durchgehend	... all the time ['ɔ:l ðə 'taim]

MENTALE GESUNDHEIT

Angstzustände	anxiety [äng'zaiəti]
Antidepressiva	anti-depressants ['änti di'presnts]
Depression	depression [di'preschn]
Panikattacke	panic attacks ['pänik ə'täks]
Psychologische Notfallberatung	psychological emergency treatment [saikə'lɔdʒikl i'mö:dʒnsi 'tri:tmənt]
Trauma	trauma ['trɔ:mə]
traumatisiert	traumatised ['trɔ:mətaizd]

INSIDER-TIPP

GUT ZU WISSEN

GUT GESCHÜTZT

Ich bin gegen ... geimpft gegen	I'm vaccinated against ... ['aim 'väksineitid ə'genst]
... Corona (einmal/zweimal/dreimal/viermal)	... covid (once/twice/three times/four times) ['kəuvid (wans/twais/θri:/fɔ: taimz)]
... Frühsommer-Meningo enzephalitis	... tick-borne encephalitis ['tik'bɔ:n enkefə'laitis]
... Hepatitis	... hepatitis [hepə'taitis]
... Masern	... measles ['mi:zlz]
... Röteln	... rubella [ru:'belə]
... Tetanus	... tetanus ['tetnəs]
... Tollwut	... rabies ['reibi:z]
... Typhus	... typhus ['taifəs]
... Windpocken	... chicken pox ['tschikin 'pɔks]

PRAKTISCHES

Willst du einen Diebstahl melden, Geld wechseln, barrierefrei reisen, nach dem WLAN-Passwort fragen oder eine Postkarte verschicken? All das findest du hier und noch viel mehr.

HILFE!

Hilfe!	Help! [help]
Polizei!	Police! [pəˈli:s]
Rufen Sie einen Krankenwagen!	Call an ambulance! [kɔ:l ən ˈämbjuləns]
Es brennt!	Fire! [faiə]
Feuerwehr	fire brigade [faiə briˈgeid]
Rauch	smoke [sməuk]
Brand	fire [faiə]
Notausgang	emergency exit [iˈmö:dʒnsi ˈegzit]
Bitte rufen Sie die Polizei/die Feuerwehr. ▶ siehe S. 144 *Notfälle*	Call the police/the fire brigade. [kɔ:l ðə pəˈli:s/ðə faiə briˈgeid]
Können Sie mir bitte helfen?	Please can you help me? [pli:z kən ju help mi]
Ich wurde überfallen.	I've been mugged. [aiv bi:n magd]
Wo ist die nächste Polizeistation?	Where is the nearest police station? [weə iz ðə ˈniəist pəˈli:s ˈsteischn]
Haltet den Dieb!	Stop thief! [stɔp θi:f]

Ich möchte einen Diebstahl melden.	I would like to report a theft. [ai wud laik tu ri'pɔ:t ə θeft]
Ich möchte Anzeige erstatten.	I want to press charges. [ai wɔnt tu pres 'tschɑ:dʒiz]
Mir wurde … gestohlen.	My … has been stolen. [mai ... həz bi:n 'stəuln]
… mein Handy	… phone [fəun]
… mein Portemonnaie	… wallet/purse ['wɔlit/pö:s]
… meine Tasche	… bag [bäg]
… mein Koffer	… suitcase ['su:tkeis]
… mein Laptop	… laptop ['läptɔp]
Ich wurde (sexuell) belästigt.	I've been (sexually) assaulted. [aiv bi:n ('seksjuəli) ə'sɔltid]
Ich wurde vergewaltigt.	I was raped. [ai wəz reipt]
Ich wurde bedroht.	I've been threatened. [aiv bi:n 'θretnd]
Ich wurde … diskriminiert.	I was subjected to … discrimination. [ai wəz səb'dʒektid tu ... diskrimi'neischn]
… rassistisch	… racial ['reischəl]
… sexistisch	… sex ['seks]
… homofeindlich	… homophobic [hɔmə'fəubik]
… transfeindlich	… transphobic [tra:ns'fəubik]
… ableistisch	… ableist ['äeblist]
Ich wurde … angegriffen.	I was attacked … [ai wəz ə'täkt]
… mit einem Messer	… with a knife [wið ə naif]
… mit einer Schusswaffe	… with a gun [wið ə gan]
… von einer Gruppe	… by a group [bai ə gru:p]
… von einem Hund	… by a dog [bai ə dɔg]

Ich bin Zeug:in.	I'm a witness. [aim ə 'witnəs]
Ich kann das bezeugen.	I can testify to that. [ai kən 'testifai tu ðət]
Mein Auto wurde aufgebrochen.	My car was broken into. [mai kɑː wəz 'brəukn 'intə]
Ich möchte eine Vermisstenanzeige aufgeben.	I would like to file a missing person's report. [ai wud laik tu fail ə 'mising 'pö:snz ri'pɔ:t]

TÄTER:IN

Beschreibung	description [di'skripschn]
etwa 1,80 m groß	approximately 1.8 m tall [ə'prɔksimətli wan pɔint eit 'mi:tə tɔ:l]
schlank/untersetzt	slim/stocky [slim/'stɔki]
blond/dunkelhaarig/rothaarig	blond/dark-haired/red-haired [blɔnd/'dɑ:kheəd/red'heəd]
Die Person trug ...	They were wearing ... [ðei wə 'weəring]

► siehe S. 96 *Kleidung & Größen* und S. 25 *Farben*

BEI DER POLIZEI

Ich habe nichts getan./Ich bin unschuldig.	I haven't done anything./I'm innocent. [ai 'hävnt dan 'eniθing/aim 'inəsnt]
Was wird mir vorgeworfen?	What am I accused of? ['wɔt 'əm 'ai ə'kju:zd 'əv]
Ich brauche einen Anwalt.	I need a lawyer. [ai ni:d ə 'lɔiə]
Wo ist die deutsche Botschaft/das deutsche Konsulat?	Where's the German embassy/consulate? [weəz ðə 'dʒö:mən 'embəsi/'kɔnsjulət]

DIPLOMATIE

Arbeitserlaubnis	work permit [wö:k 'pö:mit]
Botschaft	embassy ['embəsi]
Botschafter:in	ambassador [äm'bäsədə]
Diplomatische Vertretung	consulate ['kɔnsjulət]
Konsul:in	consul ['kɔnsl]
Visum	visa ['vi:zə]

Ich habe meinen Pass verloren.	I've lost my passport. [aiv lɔst mai 'pɑ:spɔ:t]
Ich habe meinen Personalausweis verloren.	I've lost my ID card. [aiv lɔst mai aidi: kɑ:d]

GELD & WÄHRUNG

Bargeld	cash [käsch]
EC-Karte/Girokarte/Debitkarte	debit card ['debit kɑ:d]
Geld	money ['mani]
Kreditkarte	credit card ['kredit kɑ:d]

Wo ist die nächste Bank/der nächste Geldautomat?	Where is the nearest bank/cash machine? [weə iz ðə niəist bänk/käsch mə'schi:n]
Kann ich hier bar/mit Karte bezahlen?	Can I pay cash/by card? [kən ai pei käsch/bai kɑ:d]
Ich habe leider kein Bargeld dabei.	Unfortunately, I don't have any cash on me. [an'fɔ:tschnətli ai dəunt həv 'eni käsch ɔn mi]
Wo kann ich Geld wechseln?	Where can I exchange money? [weə kən ai iks'tscheindʒ 'mani]
Wie ist der aktuelle Wechselkurs des Euro?	What is the current exchange rate? [wɔt iz ðə 'karənt iks'tscheindʒ reit]
Wie hoch sind die Wechselgebühren?	How much is commission? [hau matsch iz kə'mischn]
Der Geldautomat hat meine Karte gesperrt/behalten.	The cash machine blocked/ate my card. [ðə käsch mə'schi:n blɔkt/eit mai kɑ:d]

DIGITAL UNTERWEGS

Benutzername	username ['ju:zəneim]
Kopfhörer	headphones ['hedfəunz]
Ladekabel	charging cable ['tschɑ:dʒing keibl]
Laptop	laptop ['läptɔp]
Online-Ticket	online ticket ['ɔnlain 'tikit]
Passwort	password ['pɑ:swö:d]
Powerbank	powerbank ['pauəbänk]
Smartphone	smartphone ['smɑ:tfəun]
SMS	text message [tekst 'mesidʒ]
Tablet	tablet ['täblət]
Telefonnummer	telephone number ['telifəun 'nambə]
WLAN	WiFi ['waifai]

Haben Sie WLAN?	Do you have WiFi? [du ju həv 'waifai]
Gibt es hier freies Internet?	Is there free internet here? [iz ðeə fri: intənät hiə]
Wie logge ich mich ein?	How can I log in? [hau kən ai lɔg in]

Wie heißt das lokale Netz?	What is the local network called? [wɔt iz ðə 'ləukl 'netwö:k kɔ:ld]
Wie lautet das WLAN-Passwort?	What is the WiFi password? [wɔt iz ðə 'waifai 'pa:swö:d]
Wo ist der nächste kostenfreie WLAN-Hotspot?	Where is the nearest free WiFi hotspot? [weə iz ðə 'niəist fri: 'waifai 'hɔtspɔt]
Ich brauche einen Internetzugang.	I need internet access. [ai ni:d intənät 'äkses]
Wo kann ich eine SIM-Karte kaufen?	Where can I buy a SIM card? [weə kən ai bai ə sim ka:d]
Haben Sie eine Tarifübersicht?	Do you have an overview of the rates? [du ju həv ən 'əuvəvju: əv ðə reits]
Haben Sie einen Drucker? Ich möchte etwas ausdrucken.	Do you have a printer? I would like to print something. [du ju həv ə 'printə ai wud laik tu print 'samθing]
Ich möchte mein Handy aufladen.	I would like to charge my phone. [ai wud laik tu tscha:dʒ mai fəun]
Muss ich das Ticket ausdrucken?	Do I have to print my ticket? [də ai həv tu print mai 'tikit]
Darf ich hier mit meinem Laptop arbeiten?	May I work on my laptop here? [mei ai wö:k ɔn mai 'läptɔp hiə]

INTERNET-CAFÉ

Ich möchte …	I would like to … [ai wud laik tu:]
… meine Fotos herunterladen.	… download my photos. ['daunləud mai 'fəutəuz]
… meine E-Mails checken.	… check my emails. [tschek mai 'i:meilz]
… meinen Flug bestätigen.	… confirm my flight. [kən'fö:m mai flait]
… eine Zugverbindung buchen.	… book a train ticket. [buk ə trein 'tikit]
…Geld überweisen.	… transfer money. ['tränsfö: 'mani]

POST

Brief	letter ['letə]
Briefmarke	stamp ['stämp]
Eilsendung	express delivery [ik'spres di'livəri]
Einschreiben	recorded delivery [ri'kɔ:did di'livəri]
Gewicht	weight [weit]
Paket	parcel ['pa:sl]
Postkarte	postcard ['pəustka:d]
Schalter	counter ['kauntə]
(gepolsterter) Umschlag	(padded) envelope ['pädid 'envələup]

Ich möchte eine Postkarte/ einen Brief nach … schicken.	I would like to send a postcard/letter to … [ai wud laik tu send ə ˈpəustkɑːd ˈletə tuː]
Ich möchte ein Paket versenden.	I would like to send a parcel. [ai wud laik tu send ə ˈpɑːsl]

BARRIEREFREIHEIT

► siehe S. 46 *Barrierefrei reisen*

Assistenzhund	assistance dog [əˈsistns dɔg]
barrierefrei	step-free access [ˈstepˈfriː ˈäkses]
ebenerdig	at ground level [ət graund ˈlevl]
Ist der Zugang barrierefrei?	Is there barrier-free access? [iz ðeə ˈbäriəˈfriː ˈäkses]
Wie breit ist … ?	How wide is the …? [hau waid iz ðə]
… der Aufzug	… lift [lift]
… der Durchgang	… passageway [ˈpäsidʒwei]
… der Eingang	… entrance [ˈentrəns]
Gibt es eine Rampe?	Is there a ramp? [iz ðeər ə rämp]
Sind die Räume barrierefrei?	Are the facilities barrier-free? [ɑː ðə fəˈsilitiz ˈbäriəˈfriː]
Ich bin Rollstuhlfahrer:in.	I'm a wheelchair user. [aim ə ˈwiːltscheə ˈjuːzə]
Ich habe einen Rollator.	I have a rollator. [ai həv ə roleitə]
Dürfen Assistenzhunde mitkommen?	May I bring my assistance dog? [mei ai bring mai əˈsistns dɔg]
Hat die Begleitperson freien Eintritt?	Does a carer have free admission? [dəz ə ˈkeərə həv friː ədˈmischn]
Gibt es Formulare in Leichter Sprache?	Do you have forms in Plain English? [du ju həv fɔːmz in plein ˈinglisch]
Gebärdensprache	sign language [sain ˈlängwidʒ]
Gebärdensprachendolmetscher	sign language interpreter [sain ˈlängwidʒ inˈtöːpritə]

ACHTUNG! SLANG

Wenn das Wörterbuch schlappmacht und du nur noch Bahnhof verstehst, dann handelt es sich um einen klaren Fall von Umgangssprache: Achtung! Slang.

ALLTAG

BEGRÜSSUNG & CO.

Hi guys./Hi there. [hai gaiz/hai ðeə]	Hallo zusammen.
How's things?/What have you been up to? [hauz θingz/wɔt həv ju bin ap tu]	Wie geht's?
What's up? [wots‿ap]	Was geht/Was läuft?
Long time no see/(BE) Haven't seen you for yonks! [lɔng taim nəu siː/'hävnt siːn ju fɔː jɔnks]	Lange nicht gesehen.
I'm off/I'm outta here. [aim ɔf/aim autə hiə]	Ich muss los.
See you around. [siː ju ə'raund] So long./Cheerio./Later(s). ['səu 'lɔng/tschiəri'əu/'leitəz]	Bis dann./Wir sehen uns./ Tschüss.

ANTWORTEN

yeah/yep/aye [jeə/jep/ai]	ja
Sure. [schɔː]	Klar.
(BE) Cheers./Ta. [tschiəz/tɑː]	Danke.

No problem! [nəu 'prɔbləm]	Gerne!
Dunno. [də'nəu]	Weiß nicht.
I haven't got a clue. (AE) Beats me. [ai hävnt gɔt ə klu:/bi:ts mi:]	Keine Ahnung.
Whatever. [wɔt'evə]	Mir egal.
(BE) I don't give a toss/a damn. [ai dəunt giv ə tɔs/ə däm]	Das ist mir völlig schnuppe.
nope/nah [nəup/nä:]	nein/nö
I can't be bothered. [ai kɑ:nt bi 'bɔðəd]	Ich hab keinen Bock.
No chance! [nəu tschɑ:ns]	Auf keinen Fall!
(BE) Soz! [səuz]	Tschuldigung!

... UND AUFFORDERUNGEN

Hang on!/Hold your horses! [häng ɔn/həuld jə 'hɔ:siz]	Warte mal! (wörtl. halt deine Pferde)
Keep your hair on! ['ki:p 'jɔ: 'heə 'ɔn]	Ruhig Blut! (wörtl. behalt dein Haar auf)
Come off it! [kam ɔf it]	Mach mal halblang!
Get a move on! [get ə mu:v ɔn]	Mach zu!/Beeil dich!
Get your bum into gear! [get jɔ: bam intu giə]	Beweg deinen Hintern!

UNTER FREUNDEN ...

to hang out/to chill with someone. [tu häng aut/tu tschil wið 'samwan]	mit jemandem abhängen
to be up for something. [tu bi ap fɔ: 'samθing]	zu etwas Lust haben

to pop in/round/drop by [tu pɔp in/raund/ drɔp bai]	vorbeischauen
to give someone a ring [tu giv 'samwan ə ring]	bei jemandem durchklingeln
to text someone [tu tekst 'samwan]	jemandem simsen
to natter/chew the fat [tu 'nätə/tschu: ðə fät]	quatschen (wörtl. das Fett kauen)
to gossip [tu 'gɔsip]	tratschen
to talk crap [tu tɔ:k kräp]	Quatsch reden
to talk out of your bum [tu tɔ:k aut əv jɔ bam]	Schwachsinn erzählen
a cock and bull story [ə kɔk ənd bul 'stɔ:ri]	Lügenmärchen (wörtl. Hahn- und Bullengeschichte)
to put your foot in it [tu put jə fut in it]	ins Fettnäpfchen treten
(BE) to get up someone's nose [tu get ap 'samwanz nəuz]	jemandem auf den Geist gehen
(BE) to get on someone's tits [tu get ɔn 'samwanz tits]	jemandem auf den Senkel gehen
to piss someone off [tu pis 'samwan ɔf]	jemandem verärgern/wütend machen
to fall out with someone [tu fɔ:l aut wið 'samwan]	sich mit jemandem verkrachen
a party pooper [ə 'pa:ti 'pu:pə]	Spielverderber

DAS GEFÄLLT …

It rocks!/(AE) That kicks ass! Kick ass! [it rɔks || ðət kiks äs || kik äs]	Das geht ab!/Das rockt!/Klasse!
awesome/blinding/brill/fab ['ɔ:səm/'blainding/bril/fäb]	großartig/fantastisch
to rave about something [tu reiv ə'baut 'samθing]	von etwas schwärmen
(BE) the dog's bollocks [ðə dɔgz 'bɔləks]	die Krönung/die Crème
to be over the moon [tu bi 'əuvə ðə mu:n]	aus dem Häuschen sein (wörtl. über dem Mond sein)

DAS LANGWEILT …

(BE) not much cop [nɔt matsch kɔp]	nichts Besonderes
(BE) bog standard [bɔg 'ständəd]	stinknormal
mind numbingly boring [maind 'nambingli 'bɔ:ring]	stink-/saulangweilig
That's a bit of a bummer. [ðäts ə bit əv ə 'bamə]	Das ist ein ziemlicher Reinfall.

… UND DAS NERVT

lame [leim]	uncool
That sucks! [ðət saks]	Das nervt!

(BE) rubbish/(AE) garbage ['rabisch/'ga:bidʒ]	Quatsch
(BE) B. S./(AE) bullshit/[bi: es/'bulschit]	Schwachsinn
a kick in the balls/bollocks [ə kik in ðə bɔ:lz/'bɔləks]	herber Rückschlag

SCHLECHT DRAUF?

to be whacked/bushed/knackered/(AE) beat [tu bi wäkt/buscht/'näkəd/bi:t]	fix und fertig/alle sein
to be under the weather [tu bi 'andə ðə 'weðə]	nicht ganz auf dem Damm sein
to hit the sack/hay [tu hit ðə säk/hei]	sich aufs Ohr hauen
(BE) to be gutted [tu bi 'gatid]	am Boden zerstört sein
to be in a huff [tu bi in ə haf]	beleidigt sein
(AE) to be hacked off [tu bi häkt ɔf]	genervt sein
(BE) to be pissed off/(AE) to be pissed [tu bi pist ɔf/tu bi pist]	angepisst sein
to have the hump [tu həv ðə hamp]	eine Stinklaune haben
to lose one's rag [tu: lu:z wanz räg]	die Beherrschung verlieren
to hit the roof/blow a fuse [tu hit ðə ru:f/bləu ə fju:z]	in die Luft/an die Decke gehen
to have the jitters [tu həv ðə 'dʒitəz]	Bammel haben
to shit yourself [tu schit jɔ:'self]	vor Angst in die Hose machen
to lose your bottle [tu lu:z jɔ bɔtl]	die Nerven verlieren

ESSEN

grub/nosh [grab/nɔsch]	Essen
brekkie ['bräki:]	Frühstück
(BE) sarnie ['sa:ni]	Sandwich
(BE) cuppa ['kapə]	Heißgetränk (meist Tee)
(BE) chippy ['tschipi]	Fish-&-Chips-Imbiss
(BE) I'm feeling peckish. [aim 'fi:ling 'pekisch]	Ich hab Lust auf was Leckeres.
I could eat a horse. [ai kəd i:t ə hɔ:s]	Ich hab einen Bärenhunger. (wörtl. ich könnte ein Pferd essen)
I'm starving. [aim 'sta:ving]	Ich sterbe vor Hunger.
(BE) to scoff something/(AE) to scarf something down [tu skɔf 'samθing/ tu: ska:f 'samθing daun]	etwas verdrücken/verschlingen
to stuff your face [tu staf jɔ: feis]	sich den Bauch vollschlagen
(AE) to pig out on something [tu pig aut ɔn 'samθing]	sich mit etwas vollstopfen
(BE) That food is moreish. [ðət fu:d iz 'mɔ:risch]	Das Essen ist superlecker.

IN DER BAR/KNEIPE

booze [bu:z]	alkoholische Getränke
(BE) a bevvy [ə 'bevi]	alkoholisches Getränk
(BE) a pint/a half of lager [ə paint/ə ha:f əv 'la:gə]	ein Pint/ein halbes Pint Lagerbier
shandy ['schändi]	Alster/Radler
lager dash/top ['la:gə däsch/tɔp]	Radler mit nur wenig Limonade
lager and lime ['la:gə ənd laim]	Lagerbier mit Limonensirup
bubbly ['babli]	Champagner, Sekt
plonk ['plɔnk]	Fusel
a shot [ə schɔt]	ein Kurzer
G 'n' T [dʒi en ti:]	Gin Tonic
Ice 'n' slice with that? [ais en slais wið 'ðət]	Mit Eis und Zitrone?
(BE) the offie/offy [ði 'ɔfi]	Wein- und Spirituosenhandlung
boozer/the local ['bu:zə/ðə 'ləukl]	Kneipe/die Stammkneipe
pub crawl [pab krɔ:l]	Kneipentour
to have a swift one [tu həv ə swift wan]	ein schnelles Bier trinken
to down in one/to neck a drink [tu daun in wan/tu nek ə drink]	in einem Zug austrinken
Down the hatch! [daun ðə hätsch]	Runter damit!
one for the road [wan fɔ: ðə rəud]	eins für den Weg
(AE) to cut up the floor/to hit the town [tu kat ap ðə flɔ:/tu hit ðə taun]	Party machen/einen drauf machen
to be off out [tu bi ɔf aut]	auf Tour sein
to shake one's booty [tu scheik wanz 'bu:ti]	das Tanzbein schwingen
to have a (good) rave up [tu həv ɔ (gud) reiv ap]	abtanzen
an all nighter [ən ɔ:l 'naitə]	durchgemachte Nacht
bouncer ['baunsə]	Türsteher
packed/rammed/heaving [päkt/rämd/'hi:ving]	brechend/gerammelt voll
tarted up ['ta:tid ap]	aufgedonnert
(BE) done up like a dog's dinner [dan ap laik ə dɔgz 'dinə]	aufgetakelt

ZU SPÄTER STUNDE …

to be tipsy [tu bi 'tipsi]	einen Kleinen sitzen haben
to be half cut/hammered/legless [tu bi ha:f kat/'hämәd/'legləs]	voll/total betrunken sein
off your head/paralytic/plastered [ɔf jɔ: hed/pärə'litik/'pla:stəd]	voll/total betrunken sein

slaughtered/smashed ['slɔ:təd/smäscht]	voll/total betrunken sein
a hangover [ə 'hängəuvə]	Kater
to feel a bit rough [tu fi:l ə bit raf]	verkatert sein
hair of the dog [heə əv ðə dɔg]	ein Schluck gegen den Kater (wörtl. Haar des Hundes)

RAUCHEN

cigs/ciggies/tabs [sigz/sigiz/täbz]	Kippen/Fluppen
(BE) fags ['fägz]	Kippen [Vorsicht! (AE) Schwuchtel]
cancer sticks ['känsə stiks]	Sargnägel (Zigaretten)

MANN & FRAU

LEUTE

bloke/guy/fella [bləuk/gai/'felə]	Typ
bugger ['bagə]	Kerl (abwertend)
chick/lass/(AE) gal [tschik/läs/gäl]	Mädel
bird/(AE) broad [bö:d/brɔ:d]	Tussi (Mädel)
teen/(AE) teener [ti:n/'ti:nə]	Jugendlicher
nipper ['nipə]	Steppke/Stift
scamp/rascal [skämp/'rɑ:skl]	Schlingel/Frechdachs
hussy ['hasi]	Göre (freches Mädchen)
brat [brät]	Balg
grandpa/gramps ['gränpɑ:/grä:mps]	Opi
granny/nana ['gräni/'nänə]	Omi
my folks [mai fəuks]	meine Familie

FLIRTEN & CO.

to fancy someone [tu 'fänsi 'samwan]	auf jemanden stehen
to chat someone up [tu tschät 'samwan ap]	jemanden anquatschen
(BE) to snog [tu snɔg]	knutschen
to have butterflies in one's stomach [tu həv 'batəflaiz in wanz 'stamək]	Schmetterlinge im Bauch haben
to be totally loved up [tu bi 'təutli lavd ap]	schwer verliebt sein
to date someone/go out with someone [tu deit 'samwan/gəu aut wið 'samwan]	mit jemandem gehen/mit jemandem zusammensein
to go commando [tu gəu kə'mɑ:ndəu]	keine Unterwäsche tragen
a hard on ['ə 'hɑ:d 'ɔn]	eine Latte
(BE) johnny/(AE) rubber ['dʒɔni/'rabə]	Gummi/Präser
to pull/pick up someone [tu pul/pik ap 'samwan]	jemanden abschleppen

to shag/screw/get laid [tu schäg/skru:/get leid]	vögeln
to lead someone on [tu 'lid: 'samwan ɔn]	jemandem falsche Hoffnungen machen
to stand someone up [tu ständ 'samwan ap]	jemanden versetzen
to put on one's beer goggles [tu put ɔn wanz biə gɔglz]	sich jemanden schön trinken (wörtl. Bierbrille aufsetzen)
Out of sight, out of mind. [aut əv sait aut əv maind]	Aus den Augen, aus dem Sinn.
to dump/to ditch someone [tu damp/tu ditsch 'samwan]	mit jemandem Schluss machen
There's plenty more fish in the sea. [ðeəz 'plenti mɔ: fisch in ðə si:]	Andere Mütter haben auch schöne Töchter/Söhne.
They've been an item for a while now. [ðeiv bi:n ən 'aitəm fɔ: ə wail nau]	Sie sind schon lange zusammen.
hen night/stag night [hen nait/stäg nait]	Junggesell(inn)en-Abschied (wörtl. Hennen-/Hirschnacht)
to get hitched ['tu 'get 'hitscht]	heiraten
to be hen pecked/to be under the thumb [tu bi hen pekt/tu bi 'andə ðə θam]	ein Pantoffelheld sein/ unterm Pantoffel stehen

SCHIMPFEN, LÄSTERN, FLUCHEN

STANDARDS

Crikey!/Blimey!/Good God! ['kraiki/'blaimi/gud gɔd]	Meine Güte!/Großer Gott!
(AE) Dammit/God dammit! ['dämit/gɔd 'dämit]	Verdammt (nochmal)!
Crap!/Bugger!/Bloody hell!/Bollocks! [kräp || 'bagə || 'bladi hel || 'bɔləks]	Mist!
Shut your gob!/Shut your trap! [schat jə gɔb || schat jə träp]	Halt die Klappe!
Clear off!/Get lost!/On yer bike! [kliə ɔf || get lɔst || en jə baik]	Hau ab!
Bugger off!/Sod off! ['bagə ɔf || sɔd ɔf]	Verzieh dich!
Shove it! ['schav 'it]	Vergiss es!/Du kannst mich mal!
That's none of your business! [ðäts nan əv jə 'biznis]	Das geht dich gar nichts an!
to take the mickey/the piss out of someone [tu teik ðə 'miki/ðə pis aut əv 'samwan]	jemanden veräppeln/verarschen
to slag someone off/to bitch about someone [tu släg 'samwan ɔf/tu bitsch ə'baut 'samwan]	über jemanden lästern

SPINNER & TROTTEL

(BE) a bit of an anorak [ə bit əv ən 'änəräk]	Spinner (mit Spezialinteresse, das alle anderen langweilt)
a geek/a nerd [ə gi:k/ə nö:d]	(Computer-)Nerd/Streber
a tool/(schottisch:) a numpty/a muppet [ə tu:l/ə namti/ə 'mapit]	Trottel/Pappnase/Vollidiot
a loony/a nutcase/a nutter [ə 'lu:ni/ə 'natkeis/ə 'natə]	ein Verrückter
to be clueless/hopeless [tu bi 'klu:ləs/'həupləs]	keine Ahnung haben
(AE) to know zip about something [tu nəu zip ə'baut 'samθing]	keine Ahnung von etwas haben
He couldn't organize a piss up in a brewery. [hi: 'kudnt 'ɔ:gnaiz ə pis ap in ə 'bruəri]	Er hat keinen blassen Schimmer.
He's a bit of a dope. [hi:z ə bit əv ə dəup]	Er ist ein Trottel.
thick as two short planks [θik əz 'tu: schɔ:t plänks]	strohdoof (wörtl. dumm wie zwei kurze Bretter)
thick as shit [θik əz schit]	saudumm
He's not all there. [hi:z nɔt ɔ:l ðeə]	Er hat sie nicht alle.
He's lost his marbles. [hi:z lɔst hiz 'mɑ:blz]	Er hat nicht mehr alle Tassen im Schrank. (wörtl. seine Murmeln verloren)
He's gone nuts/bananas/bonkers. [hi:z gɔn nats/bə'nɑ:nəz/'bɔnkəz]	Er ist übergeschnappt/durchgedreht.
to be barking mad/mental [tu bi 'bɑ:king mäd mentl]	total verrückt sein

MEHR BELEIDIGUNGEN

to be a pain in the neck/(BE) the arse/(AE) the ass [tu bi ə pein in ðə nek/ði ɑ:s/ði äs]	total nerven
a bull shitter [ə bul 'schitə]	große Klappe und nix dahinter
What a dick/dickhead/prick/cock! [wɔt ə dik/'dikhed/prik/kɔk]	Was für ein Depp!
the biggest scumbag on the planet [ðə 'bigist 'skambäg ɔn ðə 'plänit]	der größte Mistkerl weit und breit
(BE) to be as common as muck [tu bi əz 'kɔmən əz mak]	schrecklich ordinär sein
cheap and nasty/tacky/(BE) naff [tschi:p ənd 'nɑ:sti/'täki/näf]	billig und geschmacklos
(AE) a pussy/a wimp [ə 'pusi/ə wimp]	Weichei/Warmduscher
a motormouth [ə 'məutəmauθ]	Quasselstrippe/Labertasche
a smart arse [ə smɑ:t ɑ:s]	Klugscheißer

a brown nose/an arse licker [ə braun nəuz/ən ɑːs ˈlikə]	Arschkriecher
a bitch [ə bitsch]	Zicke/Biest
(BE) a yob [ə jɔb]	Rüpel/Rowdy
(BE) a chav/chavette [ə tschäv/ˈtschävət]	Proll (männlich/weiblich)
(BE) a lager lout [ˈə ˈlɑːgə ˈlaut]	aggressiver Betrunkener
a shit stirrer [ə schit ˈstöːrə]	Unruhestifter/Aufrührer

UNAPPETITLICHES

(BE) loo/(BE) bog/(AE) john/(AE) can [luː/bɔg/dʒɔn/kən]	Klo (can wörtl. Dose)
to spend a penny/take a leak/a pee/a wee [tu spend ə ˈpeni/teik ə liːk/ə piː/ə wiː]	pinkeln
to have a poo/poop/crap [tu həv ə puː/puːp/kräp]	kacken
to have the runs/the trots [tu həv ðə ranz/ðə trɔts]	Dünnpfiff haben
to fart/to drop your guts/to drop one/to let one go [tu fɑːt/tu drɔp jɔː gats/tu drɔp wan/tu let wan gəu]	einen fahren lassen
to burp/belch [tu böːp/beltsch]	rülpsen
to barf/chunder/puke [tu bɑːf/ˈtschandə/pjuːk]	sich übergeben/kotzen

GELD

KOHLE

bread/dough/dosh [bred/dəu/dɔsch]	Kohle/Knete/Kies/Moos
a grand [ə gränd]	ein Riese (Tausender)
(BE) a score [ə skɔː]	ein Zwanni (Zwanziger)
(BE) a tenner [ə ˈtenə]	ein Zehner
(BE) a fiver [ə ˈfaivə]	ein Fünfer
(AE) a buck [ə bak]	ein Dollar (US)
(BE) a quid [ə kwid]	ein Pfund (britisches)
(BE) silver [ˈsilvə]	Silbermünzen
(BE) coppers [ˈkɔpəz]	Kupfermünzen
change [ˈtscheindʒ]	Kleingeld
(BE) hole-in-the-wall [həulinðəˈwɔːl]	Geldautomat (wörtl. Loch in der Wand)
… cash or card? [käsch ɔː kɑːd]	… bar oder mit Karte?

HABEN ODER NICHT

(AE) megabucks ['megəbaks]	fette Kohle
a wad of money [ə wɔd əv 'mani]	ein Haufen Geld
to be loaded/filthy rich [tu bi 'ləudid/'filθi rit]	stinkreich sein
rolling in it ['rəuling in it]	in Geld schwimmen
to earn shitloads of money [tu ö:n 'schitləudz əv mani]	ein Schweinegeld verdienen
to be stingy/tight [tu bi 'stingi/tait]	geizig/knauserig sein
a cheapskate/a tight arse [ə 'tschi:pskeit/ə tait ɑ:s]	Geizhals/Geizkragen
to be skint/broke [tu bi skint/brəuk]	knapp bei Kasse/pleite sein

KOSTEN ODER NICHT

What's the damage? [wɔts ðə 'dämidʒ]	Was kostet der Spaß?
That's a bit pricey. [ðäts ə bit 'praisi]	Das ist aber happig.
to cost a fortune/a bomb/an arm and a leg [tu kɔst ə 'fɔ:tschu:n/ə bɔm/ən ɑ:m ənd ə leg]	ein Vermögen kosten
a freebie [ə 'fri:bi]	umsonst
to cost peanuts [tu kɔst 'pi:nats]	'nen Appel und 'n Ei kosten
as cheap as chips/dirt cheap [əz tschi:p əz tschips/dö:t tschi:p]	spottbillig (wörtl. billig wie Pommes/Dreck)

AUSGEBEN & EINNEHMEN

to pay over the odds [tu pei 'əuvə ði ɔdz]	zu viel ausgeben/bezahlen
to throw money down the drain [tu θrəu 'mani daun ðə drein]	Geld zum Fenster rausschmeißen (wörtl. Ausguss)
to piss one's money up the wall [tu pis wanz 'mani ap ðə wɔ:l]	sein Geld versaufen
(BE) to flog something [tu flɔg 'samθing]	etwas verscherbeln/verticken
to rip someone off [tu rip 'samwan ɔf]	jemanden abzocken
to nick/pinch something [tu nik/pintsch 'samθing]	etwas abstauben/schnorren

ARBEIT

a plum job [ə plam dʒɔb]	Traumjob
a high flyer [ə hai 'flaiə]	Überflieger
right hand man [rait händ män]	jemandes rechte Hand
to get back to the grindstone [tu get bäk tu ðə 'graindstəun]	sich wieder an die Arbeit machen (wörtl. zum Mahlstein zurückkehren)

to be snowed under [tu bi snəud 'andə]	in Arbeit versinken
to work your socks/balls/bollocks off [tu wö:k jɔ sɔks/bɔ:lz/'bɔləks ɔf]	sich totarbeiten
the rat race [ðə 'rät 'reis]	Tretmühle (wörtl. Rattenrennen)
a dead end job ['ə 'ded 'end 'dʒɔb]	Job ohne Aufstiegsmöglichkeit
a piece of cake/(BE) a doddle [ə pi:s əv keik/ə dɔdl]	Pillepalle/ein Kinderspiel
a botch job [ə bɔtsch dʒɔb]	Pfusch
to have a cushy number [tu həv ə 'kuschi 'nambə]	eine ruhige Kugel schieben
to be bored stiff/shitless [tu bi bɔ:d stif/'schitləs]	sich zu Tode langweilen
to pull a sickie [tu pul ə 'siki]	blaumachen/krankfeiern
to give someone an ear bashing [tu giv 'samwan ən iə 'bäsching]	jemandem eine Standpauke halten
to give someone a right bollocking [tu giv 'samwan ə rait 'bɔləking]	jemanden zusammenfalten
to go to pot [tu gəu tu pɔt]	schief gehen
to go pear shaped/tits up [tu gəu peə scheipt/tits ap]	danebengehen/in die Hose gehen
to mess up/to screw up [tu mes ap/tu skru: ap]	vermasseln/in den Sand setzen

WETTER

It's a bit chilly/nippy. [its ə bit 'tschili/'nipi]	Es ist ganz schön frisch.
(BE) It's brass monkeys outside! [its brɑ:s 'mankiz 'autsaid]	Es ist saukalt draußen!
(BE) It's throwing/chucking/peeing it down. [its 'θrəuing/'tschaking/'pi:ing it daun]	Es schifft/schüttet.
to be drenched/soaked [tu bi drentscht/səukt]	klatschnass sein
(BE) brolly ['brɔli]	Schirm
(BE) wellies ['weliz]	Gummistiefel
It's roasting/boiling. [its 'rəusting/'bɔiling]	Es ist tierisch heiß.
a real scorcher [ə riəl 'skɔ:tschə]	eine Bullenhitze
to catch some rays [tu kätsch səm reiz]	ein bisschen Sonne tanken (wörtl. ein paar Strahlen einfangen)
to look like a lobster [tu luk laik ə 'lɔbstə]	krebsrot sein (wörtl. wie ein Hummer aussehen)

Impressum

Titelbild: Vektorgrafik vom United Kingdom (Shutterstock.com: Moloko88)

Fotos: Shutterstock.com: A_B_C (121), Andrey_Popov (70), Asvolas (155), bbernard (19), BearFotos (66), Chinnapong (172), creo2 (9), fizkes (6, 144), Gorodenkoff (95, 145), Iryna Kalamurza (7), j.chizhe (92), karen roach (130), KONSTANTIN_SHISHKIN (47), kudla (129), Laszlo66 (137), LightField Studios (101), MMD Creative (27), Monkey Business Images (154), NDAB Creativity (120), New Africa (63), oatawa (49), Olga Klochanko (62), OneSideProFoto (160), Opat Suvi (30), Pressmaster (103), Prostock-studio (117), Rawpixel.com (161), Romvy (26), RossHelen (48, 93), Ruslan Lytvyn (113), Taya Ovod (112), UruphongK (104), Vectors Bang (173), violetblue (64), YanLev (128)

Zeigebilder (Fotos im Kapitel ESSEN & TRINKEN): Lazi&Lazi; Food Collection; Comstock; stockbyte; Fisch-Informationszentrum e.V.; Fotolia/Christian Jung; Fotolia/ExQuisine; photos.com

Zeigebilder (Illustrationen): Factor Product, München; HGV Hanseatische Gesellschaft für Verlagsservice, München (S. 53, 56, 82, 90, 94, 97, 102, 105); Shutterstock.com: bsd studio (94, Kleiderständer), Creative icon styles (94, Geschenk), Dis.connect (102, Kopfhörer-Ladecase), Farac (105, Haargummi), Fourdoty (94, Einkaufswagen), Hondicone (102, Actioncam), Inana V (102, Smartwatch), Mateusz Atroszko (60/61), matsabe (94, Gemälde), Mr.Haris (102, Powerbank), Pikovit (149), sivVector (94, Zelt)

Printed in Poland

MIX
Paper | Supporting responsible forestry
FSC® C018236
FSC www.fsc.org

1. Auflage 2023

Textkonzept: Ronit Jariv, Köln
Redaktion: Antje Seidel, trans texas publishing services GmbH, Köln
Redaktionsassistenz: Claudia Vogler, trans texas publishing services GmbH, Köln
Satz: Christoph Eiden, ce redaktionsbüro, Heinsberg
Projektmanagement: Tamara Siedler, MAIRDUMONT, Ostfildern
Übersetzung ins Englische: Dorothy Schaps
Lektorat der englischen Übersetzung: Andrea Garfield-Barkworth
Lautschrift & sprachliche Beratung: lesezeichen Verlagsdienste, Köln
Gestaltung Innenlayout auf Basis von: Langenstein Communication GmbH, Ludwigsburg

LOB ODER KRITIK? WIR FREUEN UNS AUF DEINE NACHRICHT!

Trotz gründlicher Recherche schleichen sich manchmal Fehler ein. Wir hoffen, du hast Verständnis, dass der Verlag dafür keine Haftung übernehmen kann.

MARCO POLO Redaktion • MAIRDUMONT • Postfach 31 51
73751 Ostfildern • info@marcopolo.de

WÖRTERBUCH

A

ab | from [frəm]
Abend | evening [ˈiːvning], night [nait]
aber | but [bat]
Abfahrt | departure [diˈpɑːtschə]
Abflug | take-off [ˈteikɔf]
ablehnen | to decline [tu diˈklain], to refuse [tu ˈrefjuːs]
Abreise | departure [diˈpɑːtschə]
abreisen (nach) | to leave (for) [tu liːv (fɔː)]
abschleppen | to tow (away) [tu təu (əˈwei)]
Absender | sender [ˈsendə]
Achtung | attention [əˈtenschn]; (Vorsicht!) | look out! [luk aut]
Adresse | address [əˈdräs]
alle | all [ɔːl]
allein | alone [əˈləun]
alles | everything [ˈevriθing]
als (zeitlich) | when [wen]; (bei Vergleich) | than [θän]
also | so [səu], thus [θas]
alt | old [əuld]
Alter | age [ˈeidʒ]
Amerika | America [əˈmärikə]
Amerikaner/in | American [əˈmärikn]
an | on [ˈɔn]
anbieten | to offer [tu ˈofə]
andere, der/die ~ | the other [ði ˈaðə]
ändern | to change [tu tscheindʒ], to alter [tu ˈɔltə]
angelsächsisch | Anglo-Saxon [ˈänggləu säksn]
ankommen | to arrive [tu əˈraiv]
Ankunft | arrival [əˈraivl]
Anmeldung | registration [redʒiˈstreischn]
Anreisetag | day of arrival [dei əv əˈraivl]
Anruf | (phone) call [(fəun) kɔːl]
anrufen | to ring [tu ring], to call [tu kɔːl], to phone [tu fəun]
Anschluss | connection [kəˈnekschn]
anstatt | instead of [inˈsted əv]
anstrengend | strenuous [ˈstrenjuəs]
antworten | to answer [tu ˈɑːnsə], to reply [tu riˈplai]
Apotheke | pharmacy [ˈfɑːməsi]

arbeiten | to work [tu wö:k]
ärgern, s. ~ (über) | to be angry [tu bi 'änggri], (about/at) [ə'baut/ət]
Ärmelkanal | the English Channel [ði 'inglisch tschänl]
Arzt | doctor ['doktə]
Atlantik | Atlantic [ət'läntik]
auch | also ['ɔ:lsəu]; *(nachgestellt)* too [tu]
auf | on [ɔn]
Aufenthalt | stop [stɔp], stay [stei]
aufgeben (Gepäck) | to drop off [tu drɔp ɔf]; (Post) to post [tu pəust], *(AE)* to mail [tu meil]
aufpassen (auf) | to take care of [tu teik keərəv], to look after [tu luk 'ɑ:ftə]
aufstehen | to get up [tu get ap]
aus (Herkunft) | from [frəm]; (Material) of [əv]
Ausfahrt (Autobahn~) | exit [egzit]
Ausflug | excursion, trip [iks'kö:schn/trip]
ausfüllen | to fill in [tu fil 'in]
Ausgang | exit [egzit], way out [wei aut]
Ausländer | foreigner ['fɔrənə]
außen | outside [aut'said]
außer | except [ik'sept]
außerdem | besides [bi'saidz]
Aussicht | view [vju:]
aussprechen | to pronounce [tu prə'nauns]
aussteigen | to get out [tu get aut]
Ausweis (Personal~) | identity card [ai'dentiti kɑ:d]
Auto | car [kɑ:]
Autopapiere | car documents [kɑ: 'dɔkjumənts]

B

Baby | baby ['beibi]
Bahnhof | station ['steischn]
bald | soon [su:n]
Bank (Geldinstitut) | bank [bänk]
Bar | bar [bɑ:]
beachten | to pay attention to [tu pei ə'tenschn tu]
Beanstandung | complaint [kəm'pleint]

bedeuten | to mean **[tu mi:n]**
Bedienung | service **['sö:vis]**
befreundet sein | to be friends **[tu bi frendz]**
begrüßen | to greet **[tu gri:t]**, to welcome **[tu 'welkəm]**
behalten | to keep **[tu ki:p]**
Behörde | authorities **[ɔ:'θɔritiz]**
bei (nahe) | near **[niə]**
beide | both **[bəuθ]**
belästigen | to harass **[tu 'häras]**
beleidigen | to offend **[tu ə'fend]**, to insult **[tu 'insalt]**
benötigen | to need **[tu ni:d]**
benutzen | to use **[tu ju:s]**; (Verkehrsmittel) to take **[tu teik]**
Benzin | petrol *(AE)* gas **['petrl/gäs]**
Berg | mountain **['mauntin]**
Beruf | job **[dʒɔb]**, profession **[prə'feschn]**
beschlagnahmen | to confiscate **[tu 'kɔnfiskeit]**
beschweren, s. ~ (über) | to complain (about) **[tu kəm'plein (ə'baut)]**
besetzt (Platz) | occupied **['ɔkjupaid]**, taken **[teikn]**; (voll) full **[ful]**; (Telefon, Toilette) engaged **[in'geidʒd]**
besichtigen | to visit **[tu 'vizit]**
besitzen | to own **[əun]**
Besitzer/in | owner **['əunə]**
bestätigen | to confirm **[tu kən'fö:m]**
Besteck | cutlery: knife, fork, spoon **['katləri | naif/fɔ:k/spu:n]**
Bestellung | order **['ɔ:də]**
bestimmt | certain(ly) **['sö:tn(li)]**
besuchen, jdn ~ | to visit someone **[tu 'vizit 'samwan]**, to call on someone **[tu kɔ:l ɔn 'samwan]**
Betrag | amount **[ə'maunt]**
betreten | to enter **[tu 'entə]**
betrinken, s. ~ | to get drunk **[tu get drank]**
betrügen | to cheat **[tu tschi:t]**
betrunken | drunk **[drank]**
Bett | bed **[bed]**
bewusstlos | unconscious **[an'kɔnschəs]**
bezahlen | to pay **[tu pei]**
Bild | picture **['piktschə]**; (Abbildung) illustration **[ˌilə'streischn]**; (Gemälde) painting **['peinting]**
billig | cheap **[tschi:p]**
bis | to **[tu]**; (zeitlich) till **[til]**, until **[ən'til]**
bisschen, ein ~ | a bit **[ə bit]**
bitte | please **[pli:z]**; wie bitte? Pardon? **['pɑ:dn]**
Bitte | request **[ri'kwest]**
bitten, jdn um etw ~ | to ask someone for something **[tu ɑ:sk]**
Blitz | (Gewitter) lightning **['laitning]**; (Foto) flash **['fläsch]**
Blut | blood **[blad]**
Boden | ground **[graund]**; (Fußboden) floor **[flɔ:]**
Boot | boat **[bəut]**
böse | evil **['i:vəl]**; (ungezogen) naughty **['nɔ:ti]**; (verärgert) angry **['ängri]**
Botschaft (dipl. Vertretung) | embassy **['embəsi]**
Brand | fire **['faiə]**
brauchen | to need **[tu ni:d]**, to want **[tu wɔnt]**; (Zeit) to take **[tu teik]**
breit | broad **[brɔ:d]**; wide **[waid]**
brennen | to burn **[tu bö:n]**
Brief | letter **['lätə]**
Brieftasche | wallet **['wɔlit]**
Brille | glasses **['glɑ:siz]**
Brot | bread **[bred]**
Bruder | brother **['braθə]**
Buch | book **[buk]**
buchstabieren | to spell **[tu spel]**
Bucht | bay **[bei]**
Buchung | booking **['buking]**
Büro | office **['ɔfis]**
Bus | bus **[bas]**

C

Café | café ['käfei]
Camping | camping ['kämping]
Chef | head [häd], boss [bos]
Computer | computer [kəm'pju:tə]
Cousin/e | cousin ['kazn]

D

da (Ort) | there [ðeə]; (Zeit) then [ðen]; (Grund) as [äz], because [bi'kɔz]
dafür sein | to be for it [tu bi fə it]
dagegen sein | to be against it [tu 'bi ə'genst it]
daheim | at home [ət həum]
damals | then [ðen], at that time [ət ðät taim]
Dame | lady ['leidi]
danach | afterwards ['ɑ:ftəwədz]
Dank | thanks [θänks]
danken | to thank [tu θänk]
dann | then [θän]
da sein (anwesend) | to be present [tu bi 'preznt], to be there [tu bi ðeə]
dasselbe | the same [ðə 'seim]
Datum | date [deit]
Dauer | duration [djuə'reischn]
dauern | to last [tu lɑ:st]
defekt | fault [fɔlt
dein | your [jɔ:]
denn | for [fɔ:]
deshalb | therefore [ðeəfɔ:]
Deutsche, der/die | German ['dʒö:mən]
Deutschland | Germany ['dʒö:məni]
dich | you [ju:]
dick | thick [θik]; (Person) stout [staut], fat [fät]
Diebstahl | theft [θeft]
diese(r,s) | this [ðis], *(pl)* these [ði:z]; (dort) that [ðät], *(pl)* those [ðəuz]
Ding | thing [0ing]
dir | to you [tu ju]; *(unmittelb. hinter d. Verb)* you [ju]
doch | yet [jät], however [hau'evə]
Doktor/in | doctor ['doktə]
doppelt *(adj)* | double [dabl]; *(adv)* twice [twais]
Dorf | village ['vilidʒ]
draußen | outside [aut'said]
drin, drinnen | inside [in'said], indoors [in'dɔ:z]
dringend | urgent ['ö:dʒnt]
Drogerie | health & beauty store [helθ ənd 'bju:ti stɔ:]
du | you [ju]
dumm | stupid ['stju:pid]
dunkel | dark [dɑ:k]
dünn | thin [θin]; (schlank) slim [slim], slender ['slendə]
durch | through [θru:]; (quer durch) across [ə'krɔs]; (Mittel) by (means of) [bai (mi:nz əv)]
Durchgang | passage ['päsidʒ]; (Tor) gateway ['geitwei]
Durchreise, auf der ~ | passing through ['pɑ:sing θru:]
Durchreisevisum | transit-visa ['tränzit 'vi:zə]
dürfen | to be allowed [tu bi ə'laud]
durstig sein | to be thirsty [tu bi 'θö:sti]

E

eben (flach) | flat [flät]; (glatt) smooth [smu:ð]; (zeitlich) just now [dʒast nau]
Ebene | plain [plein]
echt | genuine ['dʒenjuin]
Ecke | corner ['kɔ:nə]
Ehefrau | wife [waif]
Ehemann | husband ['hazbənd]
Ehepaar | married couple ['märid kapl]
Eigentümer/in | owner ['əunə]
eilig | urgent ['ö:dʒnt]
ein(e) | one [wan]
Einfuhr | import ['impɔ:t]

Eingang | entrance ['entrəns]
einige | some [sam]; (bei Frage, Verneinung, Bedingung) any ['eni]
einkaufen | to buy [tu bai], to go shopping [tu gəu 'schɔping]
einladen | to invite [tu in'vait]
einmal | once [wans]
einreisen | to enter the country [tu 'entə ðə 'kantri]
eins | one [wan]
einsam (Mensch) | lonely ['ləunli]; (Haus usw.) secluded [si'klu:did], isolated ['aisəleitid]
eintreten | to enter (a room) [tu 'entə (ə ru:m)]
Eintrittskarte | (admission) ticket [(əd'mischn) 'tikit]
Einwohner | inhabitant [in'häbitnt]
Eisenbahn | railway ['reilwei]; (Zug) train [trein]
Eltern | parents ['peərənts]
E-Mail-Adresse | e-mail address [i:'meil ə'dres]
Empfang | reception [ri'sepschn]
Empfänger | addressee [ädres'i:]
empfehlen | to recommend [tu rekə'mend]
enden | to end [tu end]
endlich | finally ['fainəli]
England | England ['inglənd]
Engländer/in | Englishman/-woman ['ingglischmən/'ingglischwumən]
englisch | English ['ingglisch]
Enkel/in | grandson ['gränsan]/ granddaughter ['grändɔ:tə]
entfernt | distant ['distnt]
entgegengesetzt | opposite ['ɔpəzit]
entlang | along [ə'lɔng]
entscheiden | to decide [tu di'said]
Entschluss | decision [di'siʒn]
entschuldigen, s. ~ | to apologize [tu ə'pɔlədʒaiz]
Entschuldigung | excuse [ik'skju:s]
entweder ... oder | either ... or ['aiðə ...ɔ:]
er | he [hi:]
Erde | earth ['ö:θ]
Erdgeschoss | ground-floor [graund flɔ:]
Ereignis | event [i'vent]
erfreut (über) | pleased (with) [pli:zd (wið)], glad (of) [gläd (əv)]
erhalten | to receive [tu ri'si:v], to get [tu get]
erhältlich | obtainable [əb'teinəbl], available [ə'veiləbl]
erholen, s. ~ | to recover [tu ri'kavə]
erinnern, jdn an etw ~ | to remind [tu ri'maind] someone of s. th.; s. erinnern | to remember [tu ri'membə]
erkennen | to recognize [tu 'rekəgnaiz]; (erfassen) | to realize [tu 'riəlaiz]
erklären | to declare [tu di'kleə]; (deutlich machen) | to explain [tu ik'splein]
erlauben | to allow [tu ə'lau], to permit [tu pə'mit]
Erlaubnis | permission [pə'mischn]
Ermäßigung | reduction [ri'dakschn]
Ersatz | replacement [ri'pleismənt]; (Ausgleich) compensation [kɔmpen'seischn]
erschöpft | exhausted [ig'zɔ:stid]
erschrecken | to frighten [tu 'fraitn], to startle [tu 'stɑ:tl]; (erschrocken sein) to be alarmed [tu bi ə'lɑ:md]
ersetzen | to replace [tu ri'pleis]; (Schaden) to make good [tu meik gud]
erst (zuerst) | first of all [fö:st əv ɔ:l]; (nicht früher als) only ['əunli]
Erwachsene(r) | adult [ə'dalt]
erzählen | to tell [tu tel]
es | it [it]; es gibt | there is [ðeər iz], there are [ðeər ɑ:]
essbar | edible ['edibl]
essen | to eat [tu 'i:t]

Essen (Mahlzeit) | meal **[mi:l]**; (Nahrung) food **[fu:d]**
etwas | something **['samθing]**; (verneint, fragend) anything **['eniθing]**; (ein wenig) a little **[ə litl]**
euch | you **[ju:]**
euer | your **[jɔ:]**
Euro | Euro **['juərəu]**
Europa | Europe **['juərəp]**
Europäer/in | European **[juərə'pi:ən]**

F

fahren (mit dem Zug, Auto) | to go **[tu gəu]** by train, car etc.; (lenken) to drive **[tu draiv]**
Fahrkarte | ticket **['tikit]**
Fahrplan | timetable **[taim teibl]**
Fahrrad | bicycle, bike **['baisikl/baik]**
Fahrstuhl | lift **[lift]**, *(AE)* elevator **['eliveitə]**
Fahrt (Reise) | journey **['dʒö:ni]**, trip **[trip]**; (See~) voyage **['vɔiidʒ]**; (Auto) drive **[draiv]**
falsch | wrong **[rɔng]**
Familie | family **['fämli]**
Familienname | surname **['sö:neim]**
fehlen | to be missing **[tu bi 'mising]**
Fehler (den man macht) | mistake **[mi'steik]**; (den man hat) fault **[fɔlt]**
Feiertag | holiday **['hɔlidei]**
Ferien | holidays **['hɔlideiz]**, *(AE)* vacation **[vei'keischn]**
Ferienhaus | holiday home **['hɔlidei həum]**
fertig (bereit) | ready **['redi]**; (vollendet) finished **['finischt]**
Fest | celebration **[ˌseli'breischn]**, party **['pɑ:ti]**
Festland | mainland, dry land **['meinländ/drai länd]**
feucht | moist **[mɔist]**, damp **[dämp]**
Feuer | fire **['faiə]**
Feuerlöscher | fire extinguisher **['faiə ik'stinggwischə]**
Feuermelder | fire alarm **['faiə ə'lɑ:m]**
Feuerwehr | fire brigade **['faiə bri'geid]**
Film | film **[film]**, *(AE)* movie **['mu:vi]**
Firma | firm **[fö:m]**, company **['kampəni]**
Fisch | fish **[fisch]**
Flasche | bottle **[bɔtl]**
Fleisch | meat **[mi:t]**
fliegen | to fly **[tu flai]**
flirten | to flirt **[tu flö:t]**
Flug | flight **[flait]**
Flugzeug | plane **[plein]**
Fluss | river **['rivə]**
folgen | to follow **[tu 'fɔləu]**
Formular | form **[fɔ:m]**
fort | away **[ə'wei]**
fortsetzen | to continue **[tu kən'tinju:]**
Foto | photo(graph) **['fəutəu (gräf)]**
fotografieren | to take a photo **[tu teik ə 'fəutəu]**
Frage | question **['kwestschən]**; (Problem) problem **['prɔbləm]**
fragen | to ask **[tu ɑ:sk]**
frankieren | to stamp **[tu stämp]**
französisch | French **[frentsch]**
Frau | woman **['wumən]**; (Ehefrau) wife **[waif]**; (Anrede) Madam **['mädəm]**; (vor Namen) Mrs **['misiz]**
frei | free **[fri:]**; (Toilette) vacant **['veiknt]; (Platz)** free **[fri:]**
fremd | strange **[streindʒ]**; (ausländisch) foreign **['fɔrən]**; (unbekannt) unknown **[an'nəun]**
Fremde, der/die | stranger **['streindʒə]**; (Ausländer) foreigner **['fɔrənə]**
Fremdenführer | guide **[gaid]**
Freude | joy **[dʒɔi]**, pleasure **['pleʒə]**

freuen, s. ~ (über) | to be pleased (with/about) [**tu bi pli:zd ('wið/ə'baut)**]; s. freuen auf | to look forward to [**tu luk 'fɔ:wəd tu:**]
Freund/in | (boy)friend/(girl)friend [**bɔi frend/gö:l frend**]
freundlich | friendly [**'frendli**], kind [**kaind**]
frieren | to be cold [**tu bi kəuld**], to freeze [**tu fri:z**]
frisch | fresh [**fresch**]; (kühl) cool [**ku:l**]; (neu) new [**nju:**]; (Wäsche) clean [**kli:n**]
froh | glad [**gläd**]; (glücklich) happy [**'häpi**]; (lustig) merry [**'meri**]
früh | early [**'ö:li**]
Frühstück | breakfast [**'brekfəst**]
fühlen | to feel [**tu fi:l**]
Führer (für Fremde) | guide [**gaid**]
Führerschein | driving-licence [**'draiving 'laisns**]
Führung | guided tour [**'gaidid tuə**]
Fundbüro | lost-property office [**lɔst'prɔpəti 'ɔfis**]
funktionieren | to work [**tu wö:k**]
für| for [**fɔ:**]
fürchterlich | terrible [**'terəbl**]

G

Gabel | fork [**fɔ:k**]
Gang (Auto) | gear [**giə**]; (Essen) course [**kɔ:s**]; (Flur) corridor [**'kɔridɔ:**]
ganz *(adj)* | whole [**həul**]; *(pl)* all [**ɔ:l**]; (vollständig) ´ entire [**in'taiə**], complete [**kəm'pli:t**]
ganz *(adv)* | quite [**kwait**]
Garage | garage [**'gära:ʒ**]
Garantie | guarantee [**gärn'ti:**]
Garten | garden [**'ga:dn**]
Gast | guest [**gest**]
Gastgeber/in | host/hostess [**həust/'həustes**]
Gasthaus/Gasthof | hotel [**həu'tel**], inn [**in**]
Gebäude | building [**'bilding**]
geben | to give [**tu giv**]
Gebet | prayer [**preə**]
Gebirge | mountains [**'mauntinz**]
geboren | born [**bɔ:n**]
Gebühr | charge, fee [**tscha:dʒ/fi:**]
Geburt | birth [**bö:θ**]
Geburtsdatum | date of birth [**deit əv bö:θ**]
Geburtsname | maiden name [**'meidn neim**]
Geburtsort | place of birth [**pleis əv bö:θ**]
Geburtstag | birthday [**'bö:θdei**]
gefährlich | dangerous [**'deindʒərəs**]
gefallen | to please [**tu pli:z**]
Gefühl | feeling [**'fi:ling**]
gegen | against [**ə'genst**]; (Sport) versus [**'vö:səs**]; (in Richtung auf) towards [**tə'wɔ:dz**]; (zeitlich) about [**ə'baut**]
Gegend | region [**'ri:dʒn**], area [**'eəriə**], district [**'distrikt**]
Gegenteil | opposite [**'ɔpəzit**], contrary [**'kɔntrəri**]
geheim | secret [**'si:krət**]
gehen | to go [**tu gəu**]; (zu Fuß) to walk [**tu wɔ:k**]
gehören | to belong to [**tu bi'lɔng tu**]
Geld | money [**'mani**]
Geldautomat | cashpoint [**'käschpɔint**]
Geldbeutel | purse [**pö:s**]
Geldwechsel | exchange [**iks'tscheindʒ**], (Schild) bureau de change [**'bjuərəu də tscheindʒ**]
Gelegenheit | occasion [**ə'keiʒn**]; (günstige ~) opportunity [**ɔpə'tju:nəti**]
gemeinsam *(adj)* | common [**'kɔmən**]; *(adv)* together [**tə'geðə**]
gemischt | mixed [**'mikst**]

Gemüse | vegetables ['vedʒtəblz]
genau | exact(ly) [ig'zäkt(li)]
genießen | to enjoy [tu in'dʒɔi]
genug | enough [i'naf], sufficient [sə'fischnt]
geöffnet | open ['əupn]
Gepäck | luggage *(AE)* baggage) ['lagidʒ/'bägidʒ]
geradeaus | straight on [streit ɔn]
Gericht | (Justiz) court [kɔ:t]; (Essen) dish [disch]
gern | gladly ['glädli]
Geschäft (Laden) | shop [schɔp], *(AE)* store [stɔ:]
Geschenk | present ['preznt], gift [gift]
geschlossen | shut [schat], closed [kləuzd]
Gespräch | conversation [kɔnvə'seischn], talk [tɔ:k]
gesund | healthy ['helθi]
Gesundheit | health [helθ]
Getränk | drink [drink]
getrennt | separate ['sepəreit]
Gewicht | weight [weit]
Gewitter | thunderstorm ['θandəstɔ:m]
gibt, es | there is [ðeər iz], there are [ðeər ɑ:]
Gipfel | summit ['samit]
Glas | glass [glɑ:s]
Glaube | faith [feiθ]
glauben | to believe [tu bi'li:v]
gleich | same [seim]; (sofort) immediately [i'mi:diətli], at once [ät wans]
Glück | luck [lak]; (Erfolg) success [sək'ses]
glücklich | happy ['häpi]; (Glück gehabt) lucky ['laki]
Glückwunsch | congratulations [kəngrätju'leischnz]
Gott | God [gɔd]
Gottesdienst | service ['sö:vis]
Grab | tomb, grave [tu:m/greiv]
gratulieren | to congratulate [tu kən'grätjuleit]
Grenze | border ['bɔ:də]
groß | big [big], large [lɑ:dʒ]; (Statur) tall [tɔ:l]; (bedeutend) great [greit]
Größe (Umfang) | size [saiz]; (Länge, Höhe) height [hait]
Großmutter | grandmother ['gränmaðə]
Großvater | grandfather ['gränfɑ:ðə]
Gruppe | group ['gru:p]
grüßen | to greet [tu gri:t]
gültig | valid ['välid]
gut *(adj)* | good [gud]; *(adv)* well [wel]

H

haben | to have [tu häv]
Hafen | port [pɔ:t]
halb | half [hɑ:f]
hallo | hello [hə'ləu]
halt! | halt! [hɔlt], stop! [stɔp]
Haltestelle | stop [stɔp]
Handy | mobile phone *(BE)*/cell phone *(AE)* ['məubail fəun/sel fəun]
hässlich | ugly ['agli]
häufig *(adv)* | frequently ['fri:kwntli]
Haus | house [haus]
Hausbesitzer/in | landlord/ landlady ['ländlɔ:d/'ländleidi]
hausgemacht | home-made [həum meid]
heilig | holy ['həuli]
Heimat | home [həum], native country ['neitiv 'kantri]
Heimreise | return journey [ri'tö:n 'dʒö:ni], journey home ['dʒö:ni həum]
heiraten | to marry [tu 'märi]
heiß | hot [hɔt]
heißen | to be called [tu bi kɔ:ld]
helfen, jdm ~ | to help someone [tu help 'samwan]
hell | bright [brait]
herein! | come in! [kam in]

hereinkommen | to come in [tu kam in]
Herkunft | origin ['ɔridʒin]
Herr | gentleman ['dʒentlmən]; (vor Namen) Mr ['mistə]
heute | today [tə'dei]
hier | here [hiə]
Hilfe | help [help], aid [eid]; Erste ~ first aid [fö:st eid]
Himmel | sky [skai]; (reli.) heaven ['hevn]
hinlegen | to put down [tu put daun]; s. ~ to lie down [tu lai daun]
hinsetzen, s. ~ | to sit down [tu sit daun]
hinter | behind [bi'haind]
hoch | high [hai]
Hochzeit | wedding ['weding]
höflich | polite [pə'lait]
Höhe | height [hait]
hören | to hear [tu hiə]; (zuhören) to listen [tu lisn] (to)
Hotel | hotel [həu'tel]
hübsch | pretty ['priti]
Hügel | hill [hil]
Hund | dog [dɔg]
Hunger | hunger ['hanggə]
hungrig | hungry ['hangri]
Hütte | hut [hat], cottage ['kɔtidʒ]

I

ich | I [ai]
ihr (poss pr, f) | her [hö:], *(pl)* their [ðeə]
Imbiss | snack [snäk]
immer | always ['ɔ:lweiz]
imstande sein | to be able to [tu bi eibl tu]
in | in [in]
inbegriffen | included [in'klu:did]
informieren | to inform [tu in'fɔ:m]
innen | inside [in'said]
Innenstadt | city centre, town centre ['siti 'sentə/taun 'sentə]
Insekt | insect ['insekt]
Insel | island ['ailənd]
interessieren, s. ~ (für) | to be interested (in) [tu bi 'intrəstid (in)]
international | international [intə'näschnl]
Internet | internet ['intənät]
Internetadresse | Internet address ['intənät ə'dres]
Ire | Irishman ['aiərischmən]
Irin | Irishwoman ['aiərisch 'wumən]
Irland | Ireland ['aiələnd], Eire ['eiri]
Irrtum | mistake [mis'teik]

J

Jahr | year [jiə]
Jahreszeit | season ['si:zn]
jeder | every ['evri]
jedesmal | every time ['evri taim]
jemand | somebody ['sambədi]; (in verneinten u. fragenden Sätzen) anybody ['enibɔdi]
jetzt | now [nau]
Jugendherberge | youth hostel [ju:θ 'hɔstl]
jung | young [jang]
Junge | boy [bɔi]

K

Kabine | cabin ['käbin]
Kaffee | coffee ['kɔfi]
kalt | cold [kəuld]
Kanal | canal [kə'näl]; channel [tschänl]
Kapelle (Gebäude) | chapel [tschäpl]
kaputt | broken ['brəukn], out of order [aut əv 'ɔ:də]
Kasse | (Theater) box office/ticket office [bɔks 'ɔfis/'tikit 'ɔfis]; (Supermarkt) | checkout ['tschekaut]; (im Laden) | till [til]
Katze |cat [kät]
Kauf | purchase ['pö:tschəs]

kaufen | to buy [tu bai]
Kaution | deposit [di'posit]
kein | no [nəu]
keine(-r, -s) | nobody ['nəubədi]
Kellner/in | waiter/waitress ['weitə/'weitrəs]
kennen | to know [to nəu]
kennenlernen, jdn | to get to know someone [tu get tu nəu 'samwan]
Kind | child [tschaild], *(pl)* children ['tschildrən]
Kino | cinema ['sinəmə]
klein | little [litl], small [smɔ:l]
Kleingeld | change [tscheindʒ]
Klima | climate ['klaimət]
Klingel | bell [bel]
Klub/Diskothek | club [klab]
klug | clever ['klevə], intelligent [in'telidʒnt]
Kneipe | pub [pab]
kochen | to cook [tu kuk]; (Kaffee, Tee) to make [tu meik]; (Wasser) to boil [tu bɔil]
Koffer | suitcase ['su:tkeis]
kommen | to come [tu kam]
Kondom | condom ['kɔndɔm]
können | to be able to [tu bi eibl tu]
Konsulat | consulate ['kɔnsjulət]
Kontakt | contact ['kɔntäkt]
kontrollieren (nachprüfen) | to check [tu tschek]
Konzert | concert ['kɔnsət]
Körper | body ['bɔdi]
kosten | to cost [tu kɔst]
krank | ill, sick [il/sik]
Krankenhaus | hospital ['hɔspitl]
Krankenwagen | ambulance ['ämbjuləns]
Krankheit | illness ['ilnəs]
Kreditkarte | credit card ['kredit kɑ:d]
Küche | kitchen [kitschn]
kühl | cool [ku:l]
Kultur | culture ['kaltschə]
Kurs | course [kɔ:s]; (Wechselkurs) exchange rate [iks'tscheindʒ reit]
Kurve | bend [bend]
kurz | short ['schɔ:t]
kürzlich | recently ['ri:sntli]
Kuss | kiss [kis]
küssen | to kiss [tu kis]
Küste | coast [kəust]

L

lachen | to laugh [tu lɑ:f]
Laden | shop [schɔp], *(AE)* store [stɔ:]
Lage | situation [sitju'eischn]; (eines Ortes) position [pə'zischn]
Land | country ['kantri]; (Gegensatz zu Wasser) land [länd]
Landkarte | map [mäp]
Landschaft | scenery ['si:nəri], countryside ['kantrisaid]
lang | long [lɔng]
Länge | length [lengθ]
langsam | slow(ly) ['sləu(li)]
Lärm | noise [nɔiz]
laufen | (rennen) to run [tu ran]; (gehen) to go [tu gəu]
laut | loud [laud]; Lärm noisy ['nɔizi]
Leben | life [laif], *(pl)* lives [laivz]
leben | to live [tu liv]
Lebensmittel | food [fu:d]
ledig | single [singgl]
leer | empty ['empti]
leicht | easy ['i:zi]; (geringfügig) slight [slait]; (Gewicht) light [lait]
leider | unfortunately [an'fɔ:tschnətli]
leihen (jdm) | to lend [tu lend]; (von jdm) to borrow [tu 'bɔrəu], to hire [tu haiə]
leise | quiet ['kwaiət]
Leiter, der ~ | head [hed], boss [bɔs], manager ['mänidʒə]
lesen | to read [tu ri:d]
letzte(r, -s) | last [lɑ:st]

Leute | people [pi:pl]
Licht | light [lait]
lieben | to love [tu lav]
liebenswürdig | kind [kaind]
lieber *(adv)* | rather ['ra:ðə]
favourite ['feivərit]
Lied | song [sɔng]
liegen | to lie [tu lai]
links | on the left, to the left [ɔn ðə left |tu ðə left]
Löffel | spoon [spu:n]
Lokal (Gaststätte) | restaurant [restrɔnt]; (Kneipe) pub [pab]
Luft | air [eə]
lustig | merry ['meri]; (erheiternd) funny ['fani]

M

machen | to do [tu du]; (herstellen) to make [tu meik]
Mädchen | girl [gö:l]
Mahlzeit | meal [mi:l]
Mal | time [taim]; einmal | once [wans]; zweimal | twice [twais]; jedesmal | every time ['evri taim]
man | one [wan]
manchmal | sometimes ['samtaimz]
Mann | man [män], *(pl)* men [men]; (Ehemann) husband ['hazbənd]
männlich | male [meil]
Markt | market ['ma:kit]
Medikament | medicine ['medsn]
Meer | sea [si:]
mehr | more [mɔ:]
mein | my [mai]
Mensch | person ['pö:sn]
Messer | knife [naif]
mich | me [mi:]
Miete | rent [rent]
mieten | to rent [tu rent], to hire [tu 'haiə]
Mietwagen | rental car ['rentl ka:]
mindestens | at least [ət li:st]
minus | minus ['mainəs]
Minute | minute ['minit]
mir | me [mi:]
missverstehen | to misunderstand [tu misandə'ständ]
mit | with [wið]
mitbringen | to bring [tu bring]
mitnehmen | to take [tu teik]
Mittag | noon [nu:n]
Mittagessen | lunch [lantsch]
Mitte | middle [midl]
Möbel | furniture ['fö:nitschə]
modern | modern ['mɔdn]
mögen (gern haben) | to like [tu laik]; (wünschen) to want [tu wɔnt]
möglich | possible ['pɔsəbl]
Monat | month [manθ]
morgen | tomorrow [tə'mɔrəu]
morgens | in the morning [in ðə 'mɔ:ning]
Motorrad | motorbike ['məutəbaik]
Mücke | gnat [nät], midge [midʒ]
müde | tired ['taiəd]
Müll | rubbish ['rabisch] *(AE)* garbage ['ga:bidʒ])
Münze | coin [kɔin]
Museum | museum [mju:'zi:əm]
Musik | music ['mju:zik]
müssen | to have to [tu həv tu]
Mutter | mother ['maðə]

N

nach | after ['a:ftə]; (nach London) to London [tu 'landən]
Nachbar/in | neighbour ['neibə]
nachher | afterwards ['a:ftəwədz]
nachmittags | in the afternoon [in ði a:ftə'nu:n]
Nachricht | message ['mesidʒ]
Nachrichten | news [nju:z]

nachsehen | to have a look [tu həv ə luk], to check [tu tschek]
nächste | next [nekst]
Nacht | night [nait]
nackt | naked ['neikid], nude [nju:d]
nahe | near [niə], close [kləus]
Nahverkehr | local transport ['ləukl 'tränspɔ:t]
Name | name [neim]
nass | wet [wet]
Nation | nation [neischn]
Natur | nature ['neitschə]
natürlich *(adv)* | of course [əv kɔ:s]
neben | next to [nekst tu], beside [bi'said]
nehmen | to take [tu teik]
nervös | nervous ['nö:vəs]
nett | nice [nais]
neu | new [nju:]
nicht | not [nɔt]
nichts | nothing ['naθing]
nie | never ['nevə]
niemand | nobody ['nəubədi]
nirgends | nowhere ['nəuweə]
noch | still [stil]
Norden | north [nɔ:θ]
Nordirland | Northern Ireland ['nɔ:ðən 'aiələnd]
Nordsee, die | North Sea [nɔ:θ si:]
normal | normal ['nɔ:məl]
Notausgang | emergency exit [i'mö:dʒnsi 'egzit]
Notbremse | emergency brake [i'mö:dʒnsi breik]
nötig | necessary ['nesəseri]
Notrufsäule | emergency telephone [i'mö:dʒnsi 'telifəun]
Nummer | number ['nambə]
nun | now [nau]
nur | only ['əunli]

O

oben | up [ap]
Obst | fruit [fru:t]
oder | or [ɔ:]
offen | open [əupn]
öffentlich | public ['pablik]
öffnen | to open [tu 'əupn]
Öffnungszeiten | opening hours ['əupning 'auəz], hours of business ['auəz əv 'biznis]
oft | often ['ɔf(t)ən]
ohne | without [wi'ðaut]
Onkel | uncle [ankl]
Organe, innere | organs ['ɔ:gənz]
Ort | place [pleis]; (Stelle) spot [spɔt]
Osten | east [i:st]
Österreich | Austria ['ɔ:striə]
Österreicher/in | Austrian ['ɔstriən]
Ozean | ocean [əuschn]

P

Paar, ein ~ | a pair of [ə 'peərəv]; ein paar | a few [ə fju:] (Ehepaar) couple [kapl]
Päckchen | package ['päkidʒ]
packen | to pack [tu päk]
Paket | parcel ['pɑ:sl]
Panne | breakdown ['breikdaun]
Papiere | papers ['peipəz], documents ['dɔkjumənts]
Park | park [pɑ:k]
parken | to park [tu pɑ:k]
Pass | passport ['pɑ:spɔ:t]; (Gebirge) pass [pɑ:s]
Passagier | passenger ['päsindʒə]
passieren | to happen [tu häpn]
Passkontrolle | passport control ['pɑ:spɔ:t kɔn'trəul]
Pension | guest house [gest haus]; (Halb~/Voll~) half/full board [hɑ:f/ ful bɔ:d]
Person | person ['pö:sn]

Personal | staff [stɑ:f]
Personalausweis | identity card [ai'dentiti kɑ:d]
Personalien | particulars [pə'tikjuləz]
Pfand | deposit [di'posit]
Platz | place [pleis]; (Stadt) square [skweə]; (Sitzplatz) seat [si:t]
plötzlich | suddenly ['sadnli]
plus | plus [plas]
Polizei | police [pə'li:s]
Postamt | post office [pəust 'ɔfis]
Preis (Kosten) | price [prais]; (Gewinn) prize [praiz]
pro | per [pö:]
pünktlich *(adj)* | punctual ['panktjuəl]; *(adv)* on time [ɔn taim]
putzen | to clean [tu kli:n]

Q

Qualität | quality ['kwɔliti]
Quelle | source [sɔ:s]; (Wasser) spring [spring]
quittieren | to give a receipt [tu giv ə ri'si:t]

R

Rabatt | discount ['diskaunt]
Rad fahren | to cycle [tu saikl]
Rasen | lawn [lɔ:n], grass [grɑ:s]
Raststätte | services ['sö:visiz]
Rathaus | town hall *(AE)* city hall) [taun hɔ:l/'siti hɔ:l]
rauchen | to smoke [tu sməuk]
Raucher | smoker ['sməukə]
Raum | space [speis]; (Räumlichkeit) room [ru:m]
Rechnung | bill [bil]
Recht haben | to be right [tu bi rait]
rechts | on the right, to the right [ɔn ðə rait/tu ðə rait]
rechtzeitig *(adv)* | in time [in taim] (pünktlich); on time [ɔn taim] (nicht zu spät)
reden | to talk [tu tɔ:k]
regnen | to rain [tu rein]
Reihe | row [rəu]
reinigen | to clean [tu kli:n]
Reise | journey ['dʒö:ni]; (Schiffsreise) voyage ['vɔiidʒ]
Reisebüro | travel agency ['trävl 'eidʒnsi]
Reiseführer | guide [gaid]
reisen | to travel [tu trävl]
Reisepass | passport ['pɑ:spɔ:t]
Reiseroute | route [ru:t]
reklamieren | to complain [tu kəm'plein]
Reparatur | repair [ri'peə]
Reservierung | reservation [rezə'veischn]
Restaurant | restaurant ['restrɔnt]
retten | to save [tu seiv]
Rettungsboot | lifeboat ['laifbəut]
Rezeption | reception [ri'sepschn]
richtig | right [rait]; (geeignet) proper ['prɔpə]
Richtung | direction [dai'rekschn]
Route | route [ru:t]
Rückkehr | return [ri'tö:n]
Ruhe | rest [rest]; (seelisch) calm [kɑ:m]; (Stille) silence ['sailəns]
ruhig | silent ['sailənt], quiet ['kwaiət], calm ['kɑ:m]

S

Sache | thing [θing]; (Angelegenheit) matter ['mätə]
sagen | to say ['tə sei]; (mitteilen) to tell [tu tel]
Saison | season ['si:zn]
satt | full [ful]
sauber | clean [kli:n]
schade, es ist ~ | it's a pity [its ə 'piti]

Schalter (Bank, Post ...) | counter ['kauntə]; (Fahrkarten~) ticket-office ['tikit'ɔfis]; (elek.) switch [switsch]
schauen | to look [tu luk]
schenken | to give as a present [tu giv əz ə 'preznt]
Scherz | joke [dʒəuk]
schicken | to send [tu send]
Schiff | ship [schip]
Schild | sign [sain]
schlafen | to sleep [tu sli:p]
schlecht *(adj)* | bad [bäd]; *(adv)* badly ['bädli]
schließen | to shut [tu schat], to close [tu kləuz]
Schloss | castle [kɑ:sl]; (Tür) lock [lɔk]
Schlüssel | key [ki:]
schmerzen | to hurt [tu hö:t]
schmutzig | dirty ['dö:ti]
schneien | to snow [tu snəu]
schnell *(adj)* | quick [kwik], fast [fɑ:st]
Schnellimbiss | snack-bar ['snäkbɑ:]
schon | already [ɔ:l'redi]
schön | beautiful ['bju:tifl]
Schotte | Scotsman ['skɔtsmən]
Schottin | Scotswoman ['skɔts 'wumən]
Schottland | Scotland ['skɔtlənd]
schrecklich | terrible ['terəbl], awful [ɔ:fl]
schreiben | to write [tu rait]
schriftlich | in writing [in 'raiting]
Schuh | shoe [schu:]
Schuld | guilt [gilt]; (Geld) debt [det]
schulden | to owe [tu əu]
schwach | weak [wi:k], feeble [fi:bl]
schwanger | pregnant ['pregnənt]
Schweiz | Switzerland ['switsələnd]
Schweizer/in | Swiss(man/woman) [swis (män/'wumən)]
schwer | heavy ['hevi]; (Krankheit) serious ['siəriəs]; (schwierig) difficult ['difiklt]
Schwester | sister ['sistə]; (Kranken~) nurse [nö:s]
schwierig | difficult ['difiklt]
Schwimmbad | swimming pool ['swiming pu:l]
schwimmen | to swim [tu swim]
schwindlig | dizzy ['dizi], giddy ['gidi]
See (Meer) | sea [si:]; See, der | lake [leik]
sehen | to see [tu si:]
Sehenswürdigkeiten | sights [saits]
sehr | very ['veri]; (bei Verb) very much ['veri matsch]
sein (poss pr) m | his [hiz]; n its [its]
seit (Zeitpunkt) | since [sins]; (Zeitraum) for [fɔ:]
Sekunde | second ['sekənd]
selten *(adj)* | rare [reə]; *(adv)* seldom ['seldəm]
setzen, s. ~ | to sit down [tu sit daun]
Sex | sex [seks]
sicher | safe [seif]; (gewiss) sure [schɔ:]
Sicherheit | safety ['seifti]; (Garantie) security [si'kjuəriti]
sie (sing) | she [schi:]; Sie | you [ju:] *(pl)* they [ðei]
singen | to sing [tu sing]
sitzen | to sit [tu sit]
Smalltalk | small talk [smɔ:l tɔ:k]
so | so [səu], thus [θas]
sofort | ar once [ət wans], immediately [i'mi:diətli]
sogar | even ['i:vn]
Sohn | son [san]
sollen (müssen) | to have to [tu həv tu]
Sonne | sun [san]
Sonnenbrille | sun glasses [san 'glɑ:siz], *(AE)* shades [scheidz]
sonnig | sunny ['sani]
Souvenirs | souvenirs ['su:vəniəz]
Spaß (Scherz) | joke [dʒəuk]; (Gaudi) fun [fan]
spät | late [leit]

später | later later ['leitə]
Speisekarte | menu ['menju:]
Sport | sport [spɔ:t]
Sprache | language ['längwidʒ]
sprechen | to speak [tu spi:k]
Staatsangehörigkeit | nationality [näschn'äləti]
Stadt | town/city [taun/'siti]
Stadtplan | town map [taun mäp]
Stadtrundfahrt | sightseeing tour of the town/city ['saitsi:ing tuə əv ðə taun/'siti]
statt | instead of [in'sted əv]
stattfinden | to take place [tu teik pleis]
stechen | to sting [tu sting]
stehen | to stand [tu ständ]
stehlen | to steal [tu sti:l]
steil | steep [sti:p]
Stelle (Ort) | spot [spɔt], place [pleis]
still (ruhig) | quiet ['kwaiət], silent ['sailənt]; (unbewegt) still [stil], calm [kɑ:m]
Stockwerk | floor [flɔ:]
stornieren | to cancel [tu känsl]
Störung | disturbance [di'stö:bns]; (Unterbrechung) interruption [intə'rapschn]
Strafe | punishment ['panischmənt]; (Geldstrafe) fine [fain]
Strand | beach [bi:tsch]
Straße | street, road [stri:t/rəud]
Straßenkarte | road map [rəud mäp]
Strecke | distance ['distns]; (Bahn) line [lain]; (Straße) road [rəud], route [ru:t]
Stück | piece [pi:s]; (Theaterstück) play [plei]
studieren | to study [tu 'stadi]
Stuhl | chair [tscheə]
Stunde | hour [auə]
suchen | to look for [tu luk fɔ:]
Süden | Strecke | [sauθ]
Summe | sum [sam]; (Betrag) amount [ə'maunt]
Supermarkt | supermarket ['su:pəmɑ:kit]

T

Tag | day [dei]
Tankstelle | petrol station, filling *(AE)* gas station ['petrl 'steischn/'filing/gäs 'steischn]
Tante | aunt [ɑ:nt]
tanzen | to dance [tu dɑ:ns]
Taxi | taxi ['täksi], *(AE)* cab [käb]
teilnehmen (an) | to take part (in) [tu teik pɑ:t (in)]
Telefon | telephone ['telifəun]
telefonieren | to make a phone call [tu meik ə fəun kɔ:l]; to phone [tu fəun], to ring (up) [tu ring (ap)]
Temperatur | temperature ['temprətschə]
teuer | expensive [ik'spensiv]
Theater | theatre ['θiətə]
tief | deep [di:p]; (niedrig) low [ləu]
Tier | animal ['äniməl]
Tisch | table [teibl]
Tochter | daughter ['dɔ:tə]
Toilette | lavatory, toilet ['lävətəri/'tɔilət]
traurig | sad [säd]
treffen | to meet [tu mi:t]
Treppe | stairs [steəz], staircase ['steəkeis]; (im Freien) steps [steps]
trinken | to drink [tu drink]
Trinkgeld | tip [tip]
Trinkwasser | drinking-water ['drinking 'wɔ:tə]
trotzdem | nevertheless [nevəðə'les]
Tschüss | cheerio [tschiəri'əu], 'bye [bai]
Tunnel | tunnel ['tanl]
Tür | door ['dɔ:]

U

U-Bahn | underground [ˈandəgraund]
Übelkeit | nausea [ˈnɔːziə]
über | over [ˈəuvə]
überall | everywhere [ˈevriweə]
überfallen | to attack [tu əˈtäk], to assault [tu əˈsɔlt], (auf der Straße) to mug [tu mag]
übernachten | to stay [tu stei], (eine Nacht) spend the night [spend ðə nait]
überqueren | to cross [tu krɔs]
Übersee | overseas [əuvəˈsiːz]
übersetzen | to translate [tu tränzˈleit]
überweisen | to transfer [tu ˈtränsföː]
Ufer (Fluss) | bank [bänk]; (Meer) shore [schɔː]
Uhr (Armbanduhr) | watch [wɔtsch]; (Wanduhr) clock [klɔk]
Uhrzeit | time [taim]
um (herum) | around [əˈraund]; (Zeitangabe) at [ät], (gegen) about [əˈbaut]
umbuchen | to change the booking [tu tscheindʒ ðə ˈbuking]
Umleitung | diversion [daiˈvöːschn]
umsonst (gratis) | free (of charge) [friː (əv tschɑːdʒ)]; (vergeblich) in vain [ˈin ˈvein]
umsteigen | to change [tu tscheindʒ]
umtauschen | to change [tu tscheindʒ]
unbedingt *(adv)* | really [ˈriəli]; unbedingt! | certainly! [ˈsöːtnli]
unbekannt | unknown [anˈnəun]
und | and [änd]
Unfall | accident [ˈäksidnt]
unfreundlich | unkind [anˈkaind], unfriendly [anˈfrendli]
ungefähr | about [əˈbaut]
ungern | reluctantly [riˈlaktntli]
ungewiss | uncertain [anˈsöːtn]
Unglück (Unfall) | accident [ˈäksidnt]; (Unheil) misfortune [misˈfɔːtschuːn]
unglücklich (traurig) | unhappy [anˈhäpi]; (Pech gehabt) unlucky [anˈlaki]
ungültig | invalid [inˈvälid]
unhöflich | impolite [implˈait]
unmöglich | impossible [imˈpɔsibl]
uns | us [as]
unschuldig | innocent [ˈinəsnt]
unser/e | our [ˈauə]
under | under [ˈandə]; (zwischen) among [əˈmang]; (unterhalb) below [biˈləu]
Unterhaltung (Vergnügen) | entertainment [entəˈteinmənt]
Unterkunft | accommodation [əkɔməˈdeischn]
Unterschrift | signature [ˈsignɔtschə]
unterwegs | on the way [ɔn ðə wei]
Urlaub | holidays [ˈhɔlideiz], *(AE)* vacation [veiˈkeischn]

V

Vater | father [ˈfɑːðə]
Verabredung (formell) | appointment [əˈpɔintmənt]; (fam) date [deit]
verabschieden, s. ~ | to say goodbye [tu sei gud bai]
Veranstaltung | event [iˈvent]
verboten! | forbidden! [fəˈbidn], prohibited! [prəˈhibitid]
vereinbaren | to agree on [tu əˈgriː ɔn]
Verfassung (Staats~) | constitution [kɔnstiˈtjuːschn]; (Zustand) state [steit]
vergessen | to forget [tu fəˈget]
Vergewaltigung | rape [reip]
Vergiftung | poisoning [ˈpɔizning]
Vergnügen | pleasure [ˈpleʒə]
verheiratet (mit) | married (to) [ˈmärid (tu)]
Verhütungsmittel | contraceptive [kɔntrəˈseptiv]

verirren, s. ~ | to lose one's way **[tu lu:z wanz wei]**, to get lost **[tu get lɔst]**
Verkauf | sale **[seil]**
Verkehr | traffic **['träfik]**
verlängern | to extend **[tu ik'stend]**
verlieren | to lose **[tu lu:z]**
Verlobte, der/die | fiancé/fiancée **[fi'ɔnsei]**
vermieten | to let, to rent **[tu let/tu rent]**
verschieben (zeitlich) | to put off **['tu put ɔf]**, to postpone **[tu pəust'pəun]**
verschieden | different **['difərnt]**
verschreiben | to prescribe **[pri'skraib]**
Versehen, aus ~ | by mistake **[bai mi'steik]**
Versicherung | insurance **[in'schɔ:rəns]**
verspäten, s. ~ | to be late **[tu bi leit]**
Versprechen | promise **['prɔmis]**
verstehen | to understand **[tu andə'ständ]**
versuchen | to try **[tu trai]**; (Speisen) to taste **[tu teist]**
Vertrag | contract **['kɔnträkt]**
verwandt | related **[ri'leitid]**
verwechseln | to mistake for **[tu mi'steik fɔ:]**
verzeihen | to forgive **[tu fə'giv]**
verzollen | to pay duty on **[tu pei 'dju:ti ɔn]**
viel | a lot of **[ə lɔt əv]**; (Frage, Verneinung) much **[matsch]**
vielleicht | perhaps **[pə'häps]**, maybe **['meibi]**
Visum | visa **['vi:zə]**
voll | full **[ful]**; (überfüllt) crowded **['kraudid]**
Vollpension | full board **[ful bɔ:d]**
von (Herkunft) | from **[frɔm]**; (Eigenschaft) of **[əv]**; (Passiv) by **[bai]**
vor (räumlich) | in front of **[in frant əv]**; (zeitlich) before **[bi'fɔ:]**
Voranmeldung | booking **['buking]**
Voraus, im ~ | in advance **['in əd'vɑ:ns]**
vorher | before **[bi'fɔ:]**
vormittags | during the morning **['djuəring ðə 'mɔ:ning]**
Vorname | first name **[fö:st neim]**
Vorschrift | rule **[ru:l]**
Vorsicht | caution **['kɔ:schn]**; Vorsicht! | look out! **[luk aut]**
Vorstellung (Person) | introduction **[intrə'dakschn]**; (Theater) performance **[pə'fɔ:məns]**
Vorverkauf | advance booking **[əd'vɑ:ns 'buking]**
vorziehen | to prefer **['tu pri'fö:]**

W

wach | awake **[ə'weik]**
wahr | true **[tru:]**
während (prp) | during **['djuəring]**; *(conj)* while **[wail]**
wahrscheinlich *(adj)* | probable **['prɔbəbl]**; *(adv)* probably **['prɔbəbli]**
Währung | currency **['karnsi]**
Wald | woods, forest **[wudz/'fɔrist]**
Wales | Wales **[weilz]**
Waliser/in | Welshman/Welshwoman **['welschmən/welsch 'wumən]**
Wanderkarte | hiking map **['haiking mäp]**
wandern | to hike **[tu haik]**, wo ramble **[tu rämbl]**
Wann?/Seit wann? | when? **[wen]**/since when? **[sins wen]**
warm | warm **[wɔ:m]**
warten (auf) | to wait (for) **[tu weit (fɔ:)]**
Wartezimmer | waiting room **['weiting ru:m]**
Warum? | why? **[wai]**
Was? | what? **[wɔt]**
waschen | to wash **[tu wɔsch]**

Wasser | water ['wɔ:tə]
wechseln (Geld) | to change [tu tscheindʒ]
weg | away [ə'wei]; gone [gɔn]
Weg | way [wei]; (Pfad) path [pɑ:θ]
wegen | because of [bi'kɔz əv]
Wegweiser | sign ['sain]
weiblich | female ['fi:meil]; (fraulich) feminine ['feminin]
weigern, s. ~ | to refuse [tu ri'fju:z]
weil | because [bi'kɔz], since [sins]
weinen | to cry [tu krai]
weit (Weg) | long [lɔng]; (entfernt) far [fɑ:]
Welche(r/s)? | which [witsch]
Welt | world [wö:ld]
Wem? | who … to? [hu: … tu]
Wen? | who? [hu:]
wenig | little [litl], few [fju:]
weniger | less [les]
wenn (Bedingung) | if [if]; (zeitlich) when [wen]
Wer? | who? [hu:]
werden | to become [tu bi'kam]
werktags | on weekdays ['ɔn 'wi:kdeiz]
Wert | value ['välju:]
Wessen? | whose? [hu:z]
Westen | west [west]
Wetter | weather ['weðə]
wichtig | important [im'pɔ:tnt]
wie (Frage) | how [hau]; (Vergleich) like [laik]
Wie lange? | how long? [hau lɔng]
Wie viel/e? | how much? [hau matsch]/ how many? [hau 'meni]
wieder | again [ə'gen]
wiederholen | to repeat [tu ri'pi:t]
wiegen | to weigh [tu wei]
willkommen | welcome ['welkəm]
wir | we [wi:]
Wo? | where? [weə]
Woche | week [wi:k]
Woher? | where … from? [weə … frɔm]
Wohin? | where … to? [weə … tu:]
wohnen | to live [tu liv], to stay [tu stei]
Wohnort, Wohnsitz | (place of) residence [(pleis əv) 'rezidns]
Wohnung | flat [flät], *(AE)* apartment [ə'pɑ:tmənt]; möblierte ~ furnished flat ['fö:nischt flät]
wollen (wünschen) | to want [tu wɔnt], to wish [tu wisch]
Wort | word [wö:d]
wütend | angry/furious ['änggri/ 'fjuəriəs]

Z

Zahl | number ['nambə] figure ['figə]
zahlen | to pay [tu pei]
Zahlung | payment ['peimənt]
Zahnarzt | dentist ['dentist]
Zeit | time [taim]
Zeitschrift | magazine [mägə'zi:n]
Zeitung | newspaper ['nju:z 'peipə]
Zentrum | centre ['sentə]
Zeuge | witness ['witnəs]
ziehen | to pull [tu pul]; (Zahn) to take out, to extract [tu teik aut/tu ik'sträkt]
Ziel (Reise~) | destination [desti'neischn]
Zimmer | room [ru:m]
Zoll (Amt) | customs ['kastəmz]; (Gebühr) duty ['dju:ti]
zu (Richtung) | to [tu]; (mit adj) too [tu:]
zufrieden | satisfied ['sätisfaid]
Zug | train [trein]
zurück | back [bäk]
zusammen | together [tə'geðə]
zuschließen | to lock (up) [tu lɔk (ap)]
zuständig | responsible [ri'spɔnsibl]
zu viel | too much [tu: matsch]; zu viele | too many [tu: 'meni]
zwischen | between [bi'twi:n]; (zwischen mehreren) among [ə'mang]

BLOSS NICHT!

FETTNÄPFCHEN UND REINFÄLLE VERMEIDEN

RÜCKSEITE ODER HINTERTEIL?

Wenn du beim Bezahlen mit einer Kreditkarte fragst, ob du den Ausdruck auf der Rückseite – *backside* – unterschreiben sollst, zauberst du ein Lächeln auf das Gesicht der Verkäuferin. Du hast gerade nach dem Hintern gefragt. Frag deshalb, ob du *on the back* oder *on the reverse* unterschreiben sollst.

GIFTIGE GESCHENKE

Die Angelsachsen haben hervorragende Krimiautoren. Diese wurden aber wohl in den seltensten Fällen von den vielen *Gift Shops* inspiriert. Denn dort findet man nicht die Zutaten für ein perfektes Verbrechen, sondern eher schöne Mitbringsel. **Geschenke** erhalten mehr als nur die Freundschaft …

HANDYS GANZ PRAKTISCH

Handys sind doch praktisch. Und noch praktischer ist es, dass *handy* ein englischer Ausdruck ist. Dennoch solltest du besser ein *mobile phone* (UK) oder *cell phone* (USA) benutzen und den Begriff *handy* ausschließlich für „nützlich" oder „praktisch" verwenden. Sonst outest du dich sofort als Tourist.

ZAUBERHAFTE VERWANDLUNG

Ein Klassiker und immer wieder von den Obern dieser Welt gern genommen: die magische Verwandlung ihrer Gäste in Speisen und Getränke. Denn mit *I become a cup of coffee* oder *I become a Wiener Schnitzel* kündigst du selbstbewusst an, dieses zu „werden". Korrekt ist *Can I get a cup of coffee, please?* Aber wer will den Kellnern schon ihren Spaß verderben?

EISKALT SERVIERT

Jedes Land hat ja so seine landestypischen Gerichte, aber dass man Tiefgefrorenes *„deep fried"* im Lokal serviert … damit rechnet man nun wirklich nicht. Aber keine Sorge, du beißt dir an deinem Essen nicht die Zähne aus, sondern kannst dich auf leckere „frittierte" Speisen freuen. Sollte dir doch der Sinn nach Tiefgefrorenem stehen, musst du die Mahlzeit *deep frozen* bestellen. Aber wer will das schon?